U0853195

阅

阅读成就思想……

Read to Achieve

MAKING CONVERSATION

Seven Essential Elements of Meaningful Communication

设计关键对话

[美] 弗雷德·达斯特（Fred Dust）◎著　张瀚文◎译

中国人民大学出版社
·北京·

图书在版编目（CIP）数据

设计关键对话 /（美）弗雷德·达斯特（Fred Dust）著；张瀚文译. -- 北京：中国人民大学出版社，2025. 9. -- ISBN 978-7-300-34169-9

Ⅰ. C912.11-49

中国国家版本馆 CIP 数据核字第 2025WU1495 号

设计关键对话

［美］弗雷德·达斯特（Fred Dust） 著

张瀚文 译

SHEJI GUANJIAN DUIHUA

出版发行	中国人民大学出版社		
社　　址	北京中关村大街 31 号	**邮政编码**	100080
电　　话	010-62511242（总编室）		010-62511770（质管部）
	010-82501766（邮购部）		010-62514148（门市部）
	010-62511173（发行公司）		010-62515275（盗版举报）
网　　址	http://www.crup.com.cn		
经　　销	新华书店		
印　　刷	天津中印联印务有限公司		
开　　本	890 mm×1240 mm　1/32	**版　次**	2025 年 9 月第 1 版
印　　张	7.25　插页 1	**印　次**	2025 年 9 月第 1 次印刷
字　　数	135 000	**定　价**	69.90 元

本书赞誉

现在，我们有时会忘记如何与他人交流，这本书为那些能够改变生活的对话提供了一个重要蓝图。无论你是想要引导人们走出舒适区，还是想在茶余饭后为人们找到共同感兴趣的话题，达斯特在书中讲述的那些颇具寓意的故事都将帮助你把平淡无趣的互动变得快乐且富有深度和创造力。

英格丽德·费泰尔·李（Ingrid Fetell Lee）

《欢乐》（*Joyful*）的作者

欢乐美学（the Aesthetics of Joy）网站创始人

凡是读过这本书的人都一定会被打动，他们会开始尝试构思和开始“我们生活中的对话”——那些我们一直想要进行的以及需要进行的，但不知为何，我们从未进行过的对话。今天，真正意义上的沟通比以往任何时候都更重要，但也更难以捉摸。达斯特的这本书会激发个人和组织的灵感火花。

玛丽·C. 金泰尔（Mary C. Gentile）博士

《为价值观发声》（*Giving Voice to Values*）的作者

美国百森商学院“为价值观发声”课程开发者

弥合分歧、创造解决方案以及推动实践的对话可以改变世界。尽可能进行高效的对话事关重大，但我们往往依赖于直觉而不是技巧来进行对话。从2020年初开始，基金会就开始采纳弗雷德在本书中介绍的实践方法。弗雷德一直在用他那套简单易行的方法帮助我们实现更有效的对话。这本精彩的书堪称人际沟通的必读经典。

齐亚·汗（Zia Khan）

洛克菲勒基金会负责创新的高级副主席

我非常欣赏弗雷德敏锐的洞察力。坦率地说，与他共事非常有趣。他的这本书讲述了如何重新思考世界上最艰难的对话。这本书生动地描述了我与一位挚友一起工作时的感觉。

乔纳森·麦克布莱德（Jonathan McBride）

奥巴马时期总统人事办公室主任

我有幸见证了弗雷德在沟通和对话方面的工作，而更让我感动的是，他的实践在很大程度上与他童年的经历有关：听他的祖父母讲故事，向他的母亲学习倾听。很明显，他一生都在做这件事。

杰奎琳·诺沃格拉茨（Jacqueline Novogratz）

聪明人基金（Acumen Fund）创始人

让对话发挥作用对个人生活和职业发展都至关重要。对话让我们在每一个层面都与自我和他人紧密相连，从不同的思想中汲取力量，并在不确定的时代团结一致和富有同情心。弗雷德·达斯特在最合适的时间出版了一本最适合我们阅读的书。

琼·奥斯本（June Osborne）牧师

兰达夫大教堂主教

这本书的出版非常及时。弗雷德·达斯特在书中颇具说服力地阐述了一个令人信服的观点：积极的对话是解决现代世界中关系疏远和两极分化问题的关键。对于那些希望丰富人际关系和建立社区的人而言，这是一本必读之书。

维韦克·穆尔蒂（Vivek Murthy）

美国公共卫生局局长

我们都知道，在观点不一致的群体之间领导对话是一项挑战。我们一直需要一份指南，以确保这些对话富有成效且以解决问题为导向。现在我们有了这本指南。

阿丽安娜·赫芬顿（Arianna Huffington）

Thrive Global 创始人兼首席执行官

推荐序

曹晴晴

民盟上海经信委主委

在当前的环境下，人与人之间的交流似乎正变得缺乏耐心、更趋功利，而且传递的信息也变得越来越肤浅和碎片化。我们往往仅凭他人的只言片语便对某些事物做出判断，这可能会引起不必要的误解甚至冲突。而另一方面，我们的内心深处又无比渴望遇到那种无须多言，仅凭一个眼神、一个动作就能彼此心领神会的人。只是在现实中，这样默契的交流如同稀世珍宝，难以寻觅。更多的时候，我们不得不面对沟通的困境，忍受着低效对话带来的困扰与无奈。

回望历史长河，许多重臣、权臣之所以能够在波谲云诡的政坛中稳步攀升，不仅是因为他们具备超凡的政治才能，更是因为他们精通人际沟通的艺术。他们擅长在朝堂之上察言观色，深谙君王举手投足间传递的信息，懂得用精妙的对话来巩固自己的权势、影响君王的决策。时至今日，这对我们来说依然具有深远的启示意义。

随着全球化浪潮的席卷和信息技术的日新月异，我们面临的挑战已不再局限于国内的人际沟通。未来，我们将更多地置身于跨语言、跨文化的交流之中。这种交流绝非简单的语言翻译，而是需要深入理解和尊重对方的文化背景、价值观念与思维方式。我们必须学会透过语言的表象，洞悉对方内心真正的诉求，同时以对方能够理解和接受的方式传达我们的思想。

正是在这样的背景下，我读了这本书。它为我们提供了一个宝贵的框架和准则，能够帮助我们在面对重要对话时更加从容不迫、游刃有余。

在第 1 章至第 3 章中，从“承诺”到“创造性倾听”，再到“清晰”，作者深入浅出地阐述了开启有效对话的基础。“承诺”让我们在对话中保持专注和投入；“创造性倾听”则让我们能够真正理解对方的立场和感受；“清晰”则确保了我们在对话中不产生误解，始终保持方向的正确。

在第 4 章至第 5 章中，作者通过探讨“语境”和“约束”，进一步揭示了对话中的微妙之处。一个适宜的环境和合理的规则往往能够让对话更加顺畅和高效。

最后两章，也就是第 6 章和第 7 章，则聚焦于“改变”与“创造”，鼓励我们在对话中勇于接受变化，将对话的成果转化为实际行动。这不仅是对话的最终目的，也是我们不断前进和成长的动力所在。

《设计关键对话》不仅是一本关于沟通技巧的书籍，更是一本引导我们在复杂多变的社会环境中进行有效沟通的指南。它教会我们如何倾听、如何表达、如何理解、如何行动。我相信，无论你是职场新人还是资深管理者，无论你面对的是国内同事还是国际友人，这本书都能为你提供宝贵的启示和帮助。让我们一起学习、一起成长，在对话中不断创造新的价值和意义。

前言

如今，我遇到的所有人——朋友、同事，甚至是晚宴上的陌生人，都会问我同一个问题：“我今天的谈话为什么没有成功？你觉得我做错了什么？”

一所学校的校长想知道如何更好地应对与学生家长中权贵人士的艰难对话；一位 CEO 试图在果断与审慎之间取得平衡；一位母亲因为女儿的厌食症把家里的餐桌变成了战场；一位董事因一言失当而搞砸了董事会会议；一位高级督察试图与警官谈论道德问题……

无意中，我成了对话设计方面的专家。

建设性对话是人类最早掌握也是最强大的工具之一。对话不仅促使我们建立了最初的社区，又推动了新兴文明的进步。公共话语是民主的根基，在历史上也是统治和治理各个层面的基础。无论我们对手持设备和社交媒体账户有什么看法，技术进步都源自建设性对话。创新性协作让人类登上了月球，也让我们至今在数字世界中遨游。

但最近，我们似乎失去了与他人交谈的能力，失去了进行富有成效的对话的能力，失去了交流想法并且共同推进这些想法的能力。

一切都发展得太快了。新闻媒体助长了对立和分裂。政治和民主对话似乎离我们渐行渐远，而且每天都在刷新底线。大学校园中充斥着种族、阶级和性别政治，以至于那些以组织对话为主要工作的机构如今根本不敢开展对话。曾经，我们可能认为他人是错的；如今，我们却确信他人在说谎。

与此同时，我们的孩子愈发不愿意走出家门，而是喜欢通过他们手中的电子设备与他人交流，而我们通过社交媒体所感知到的，往往只是我们作为人类最脆弱的一面。我们喜欢在网上虚构自己的形象，而且似乎丧失了对人性的感知，这反映在当今社交媒体对话中充斥的各种恶毒言辞上。

同样是这些媒体，它们喜欢用惊悚的话题吸引流量，将各种悲剧展现在我们面前，如飓风、火灾、校园枪击案、警察暴力、流行病、拘留营等，让我们再也无法泰然处之。这些负面新闻堆积发酵，使我们一直生活在危机之中。

诚然，跨越政治、社会经济、性别或种族界限进行重要对话并非易事。但问题是，我们现在很难与最亲近的人促膝交谈，这种情况经常发生在朋友、家人、同事以及有共同政治信仰和目标的人之间。裂痕随处清晰可见。

在我的整个职业生涯中，我一直秉持一个理念，即用一种新颖而富有创造性的方式进行或许能够拯救我们或者改变世界的重要对话。但在过去的几年里，我发现自己越来越失望。我不确定自己是否真的相信创意对话的力量了。这就好比失去了信仰一样。

我是如何成为对话设计者的

一切始于 1988 年，当时我从大学辍学，加入了艾滋病活动组织——艾滋病解放力量联盟（AIDS Coalition to Unleash Power，ACT UP）。

刚开始在 ACT UP 工作时，我感觉像参加了一场创意革命。很多发现自己患上这种疾病的人都是艺术家、剧作家和设计师，他们用一种新颖、具有跨时代意义的方式对抗世俗的目光，使得这场关于死亡的运动显得生机勃勃。这场死亡抗议活动的口号是“沉默 = 死亡”。行动主义方法与创意联盟的结合重塑了现代抗议活动的格局。

起初，这份工作令我很兴奋：我在西雅图国会山社区中心里席地而坐，与男男女女、同性恋者和异性恋者、艺术家和普通人在一起，帮助策划一些干预活动（ACT UP 以精心策划各种干预活动而闻名）。然而，几周过去了，我开始觉得花在计划上的时间远多于花在行动上的时间，空谈远多于实践。我开始对在西雅图的地下室喷涂标语和聚集在一起进行小规模的示威游行感到失望，坦率地说，这些活动很难引起关注。

或许是我参与的时机不对，早几年，我或许会见证一些不同的事情。事实上，加入 ACT UP 的西雅图分会使我置身于风暴中心的边缘。更令人沮丧的是，即使是风暴中心，力量似乎也在逐渐消逝。由艺术家、作家、演员和广告人组成的创意中心受到他们身体状况的严重影响，逐渐销声匿迹。西雅图阴雨绵绵，我走在街道上，感受到的不再是富有创意的温暖氛围，而是冰冷的愤怒。哀悼的气氛在社区中蔓延。

但对我而言，那是一段旅程的起点。我一直在追寻什么。我看到了艺术与社会变革融合的可能——通过引入创造性实践，艰难的对话可以变得更具建设性和启发性。与此同时，我也注意到国家以及全球范围内的政治对话开始变得更加艰难，甚至走向失败。我试图在找到更行之有效、更有希望的做法与正在出现的愤世嫉俗之间寻求平衡。

一年后，我重返校园，并将我的研究方向从政治（我曾计划用一个学期的时间与津巴布韦的游击队士兵相处）转向了艺术和艺术史。虽然媒介不同，但我所从事的工作的内在动力是相同的。我选择研究那些通过作品推动社会变革的艺术家的个人发展史，寻找艺术和行动主义相融合的地方。

那个时机再好不过了。ACT UP 的活动和当时的政治环境催生了一批艺术家，他们以全新的方式将艺术与政治结合起来。在学校，我的论文是关于美国艺术家芭芭拉·克鲁格（Barbara

Kruger）的。她的作品《你的身体是一个战场》（*Your Body is a Battleground*）广为人知。像她这样的人士还有很多。

毕业后，我开始与一些艺术家和艺术组织共事。例如，尤兰达·洛佩兹（Yolanda Lopez）和边境艺术工作坊，他们的作品涉及加利福尼亚州的移民问题，政治色彩浓厚；玛丽·凯利（Mary Kelly），她因记录孩子出生第一年的方方面面而饱受争议，引起了大量男性艺术评论家的极大愤怒；詹姆斯·卢纳（James Luna），是一位美国本土的行为艺术家，他将自己赤裸的身体置于大都会博物馆的人类学展厅的玻璃柜中展示；患有艾滋病的行为艺术家蒂姆·米勒（Tim Miller），他以作品中具有对抗性的两性内容而闻名。他们的艺术勇敢、聪慧、诙谐、美丽，还能激发大胆的变革，鼓励开展新形式的对话。

艺术界的这一政治时刻恰逢只读光盘存储器（CD-ROM）等新技术和互联网最初架构的兴起。这是一个奇妙的乌托邦时刻。事实上，我与其他人合编的第一本书《接入：数字文化的热链接》（*Clicking In: Hot Links to a Digital Culture*）收集了艺术家们热情洋溢的文章，他们赞美了新技术将彻底地解放我们。具有讽刺意味的是，书中的很多艺术家和哲学家，如杰伦·拉尼尔（Jaron Lanier），都对他们曾经推崇的技术转而持反乌托邦式的看法。后来在20世纪90年代，艺术市场呈爆炸式增长，政治艺术则大多被边缘化。

我仍然在寻找一种将创造、社会变革和对话融合在一起的方式。

很快，我发现了建筑师克里斯托弗·亚历山大（Christopher Alexander），他开创了一种让社区、城镇和居民能够与他一起设计他们的家园和市政建筑的方法。今天，我们称之为共同设计。就其本质而言，这是一种进行集体对话，并通过对话为社区设计解决方案的方式。

对我来说，这似乎为我在我所探索的领域开辟了一条新的道路，只不过是从创造性的政治对话转变为一种集体创造性行为。1997 年，我前往加州大学伯克利分校攻读建筑学研究生，以更多地了解他的实践。

我很快发现，当时的建筑实践更注重个人表达，而非集体参与。我作为建筑师在一家公司短暂工作过，我怀念那种正在改变世界的感觉，怀念那种创造力激发对话的理念，而这些正是我自己创作实践的核心。

和很多人一样，我也是通过观看《ABC 夜线》（*Nightline*）[①] 中那个著名的购物车视频才知道 IDEO 公司的。这段视频记录了一个大型合作设计团队用一周的时间，彻底重新设计了标准购物车的过程。今天，我们随处都可以看见这个团队重新设计购物车的工作所带来的影响。说实话，当我看到这段视频时的第一个想法是：等等，购物车需要重新设计？我以为它们已经

---

① 美国广播公司（ABC）的一档深夜电视新闻节目。——译者注

相当完美了。但在整个过程中，各种符合人性的设计触动了我，让我觉得 IDEO 公司是一个可以实现设计和真正变革的地方。

2000 年，我加入了 IDEO 公司。在 IDEO 公司，设计文化的本质是深度合作，而将这种合作过程扩展至我们的设计对象并不难。

我个人致力于简化建筑的语言，使过程和原则更加简单明了，让我们的客户真正成为共同设计者。我们让护士设计患者的房间。我们搭建了完整的教室概念模型，并与教师一起在这个空间里走动和讨论，随时根据他们的反馈进行调整。这是一种通过构建和建设性对话而进行的设计，是我在亚历山大的设计过程中看到的一种演变。

就在我们进行这些工作的同时，一些非常有趣的事情正在发生。

学校、非营利组织、慈善机构和政府开始找到我们，希望我们能解决更大、更系统的问题。这些新的挑战让我认识到，这正是我真正想做的工作。我发现自己又回到了起点，做着在读大学期间和毕业之后一直在做的事情：将人们聚集在一起，用创造力推动改变。正如当年为 ACT UP 或边境艺术工作坊所做的那些项目一样，我们所做的一切都始于正确的对话。

这对我的影响很大，因为我们开启了一项新业务，专注于与这些多元化的组织合作，共同解决规模更大、更系统性的社会问题，如收入不平等、枪支暴力和医疗保健等。

这些项目意味着我们要将不同群体聚集起来，进行三方对话——非营利组织和基金会、营利性企业和私营企业以及政府。可想而知，这些对话中充斥着各种矛盾。这三种群体参与其中的理由往往大相径庭，随之而来的是一些更微妙的问题。有时，它们之间缺乏共同语言；有时，它们对于对话的方式，甚至对话的推进速度有着不同的想法。在这项工作的早期，我就发现，当我们将不同的利益相关者、社区以及政治和文化团体聚集起来，以推动变革时，我们现有的工具并不完全够用。

对我而言，一个巨大的转折点发生在2010年初。我当时在希腊。在一个满是权贵人士的聚会上，我说了一些并不中听的话。当我离开会场时，我被一群身穿黑色西装的人围住，并被逼到一个角落里。这短暂的片刻，我站在原地，心中忐忑不安。突然，希腊当时的总理乔治·帕潘德里欧（George Papandreou）出现在这群安保人员中。他并没有发怒或将我赶走，而是问我是否愿意和他一起共进晚餐。

那天晚上，我们坐在雅典海边一家空荡荡的小酒馆里，只有总理、他的特勤人员和他的妻子艾达。他的手机响个不停，是埃及的某位前总统打来的。总理低头看了看桌上的手机，说道："有时候，如果我们能让政府放慢脚步，可能就会避免危机。"

当时，我觉得这句话很奇怪，甚至认为这种想法有点天真。

但现在回想起来，我逐渐意识到，有意识地设计一些慢节奏的对话或许真的能帮助我们解决大问题。这听起来很简单，却不是人们的共识。此后，我不止一次从总理那里听到他关于对话的见解，他的基因中流淌着雅典民主的原始精神。在接下来的几年里，随着希腊急速走向经济危机，乔治和我进行了很多关于对话的交流。

在如何跳出对话的框架，看清阻碍或可以改善互动方面，乔治有其独到的见解和丰富的经验。他告诉我，两位国家元首可能会在谈判桌上僵持不下，但如果换一种方式，比如并肩站在海边，眺望远方的地平线，他们可能更容易达成共识。他梦想着制订一个计划，让雅典的出租车司机能够帮助促进公民对话。这绝非戏言，他对我说："他们才是街头谈话的真正主持人。"

我与乔治关于对话的交流让我清楚地意识到，要重新设计我们的社会结构，我们就必须首先重新设计其核心工作工具——对话本身。

因此，我们必须开始认真研究如何重新设计对话。问题显而易见：我们如何才能加快建立共同语言的进程？如何让人们公开表达他们不同的诉求？如果我们能够让人们达成一致，那又如何确保这种一致能转化为行动？虽然问题显而易见，但答案却需要在设计上付出真正的努力。

到 2016 年，我们已经成功运用新的对话形式解决了一系列设计问题，从与美国人民和新成立的消费者金融保护局

（Consumer Financial Protection Bureau）合作，到与安第斯山脉的非营利组织和农民合作。我与美国卫生局局长就健康、焦虑和压力等问题组织了各种新型对话，并探讨了在希腊乡村广场上开展的对话如何帮助减轻希腊金融危机的影响。我与阿斯彭研究所（Aspen Institute）的精英们以及布鲁克林的枪支暴力受害者一起开创了新的对话形式。

这些对话形式的范围和预期影响各不相同：有些是一系列简短的动态课程，讲述倾听思考的艺术的新方法；有些则是有针对性地让数百人实时探讨新想法和新假设，并获得人们的支持。这些对话形式打破了对话的惯例，有全新的、更严格的规则，结合了动作或道具，在结构上既有设计又有技巧。在接下来的章节中，我们将探讨所有这些新的对话形式。

我们正在取得进展。我们正在有序开展各种对话。

什么样的对话最重要

你为什么会阅读这本书？原因或许与我一直在研究对话和撰写这本书的原因相同：你希望有能力对你所参与的对话产生更大的创造性影响，也许更重要的是，你希望通过这些对话产生更大的创造性影响。你知道这完全可以实现，但首先……哪些对话最重要？我们如何识别那些真正需要并能从创造性方法中受益的对话？

聊天和闲谈算不上是真正意义上的对话。简单的闲聊、喝咖啡叙旧、走廊里的八卦、深夜与爱人甜言蜜语……这些随意而开放的互动可能是生命美好的馈赠，对维系人与人之间的关系至关重要。当我们独处和感到孤单时，我们会渴望这样的互动，但这类对话并不是我们要重点讨论的对话类型。

重要的对话，也就是我们要关注的对话，是一种更具实质性、更有意识的参与形式。我认为，重要的对话通常有三个共同点。

第一，重要的对话是存在差异的。人们想要借助某些最艰难的对话促成改变，这时就需要有具有差异性的观点，因为各方人士的观点不可能都是一致的。

不过，要谨慎对待你所谓的差异。有时，它是显而易见的，如不同的一代人，以及人们有不同的性别、种族或民族。

往往那些看起来相似的人却可能有着截然不同的观点和议程，而最具破坏性的差异可能被掩盖了。我曾在一个满是富裕的欧洲男性和女性的大会议室里感受到，政治立场的差异是让人难以逾越的。同样，我也曾拜访一个自诩为理想家庭的家庭，在他们的餐厅里，每一次聚餐都像战斗。

第二，重要的对话都是艰难的。你可以把形形色色的人聚集在一个房间里，讨论他们想看什么电影，但这并不是我们通常所说的那种对话。如果你感觉进行对话很简单、很容易，那么它可能就是不需要设计的对话。重要的对话是关于解决棘手问题的。这些对话通常涉及战略问题、政治难题或情绪上敏感的话题。

第三，除了对话，还要有行动。我们经常对对话感觉到疲劳，这是因为对话似乎很少能带来实质性的结果。我经常听到有人说："我们进行了一次很好的对话，达成了很多共识，提出了很多好想法，但后来都不了了之了。"没有结果就是最大的风险。创意对话必须推动我们前进，帮助我们从思考和空谈转向实际行动。仅仅达成共识是不够的，必须要有行动。

因此，我在本书中为"对话"赋予的使命是，它必须致力于解决分歧，必须探讨棘手的问题，必须以获得积极的结果为目标。

在本书中，我们还将深入探讨哪些对话对你来说是重要的。

这些对话因人而异。有些《财富》世界 500 强企业的 CEO 能够完全掌控他们在董事会中的对话，但作为家长，他们却会在与老师的对话中不知所措。同样，有些老师会有目的地设计对话，以确保那位 CEO 无法主导他们的对话。

你决定发挥创造性力量的对话可能是全球性的，可能是跨越国际冲突分界线的讨论，可能是关于气候变化的未来的，也可能是关于个人的（如向你所爱的人揭露一些难以启齿的真相）。这些看似无足轻重的对话也可以被设计。

当对话变糟时

当对话出现问题时，我们可能会有失控的感觉。这时，对话有以下三个最明显的“症状”。

1. 权力动态明显失衡。这可能是显性的，源于等级制度或在场人员之间的不平等；也可能是隐性的，源于少数人的专业知识远超过其他人，表现为少数人压倒性的声音或其他人的沉默。

2. 对话的目的不明确。召集人们讨论一个话题并不等于让人们明白这次聚会的目的。没有目的，就无法引导对话向前推进。有些人可能试图解决问题，有些人则试图探索，而他们可能都不是对话的正确出发点。

3. 陷入批评的泥沼。这通常源于上述两种情况，即对话中的一部分参与者从对话的主题转向对对话本身的批评。这是对话最常见也是最令人沮丧的结局，完全否定了对话的意义。遗憾的是，这种情况越来越常见。

我们不会对上述情况感到陌生，而且有很多例子表明，有些对话会因为这些“症状”而走向失败或陷入恶性循环。

当我们提起那些能够促成艰难对话顺利进行的人时，我们往往会想到那些拥有复杂甚至极端“工具”的专业人士，如协调员、调解员、心理学家和人质谈判专家等。但如果你以设计师的身份对待对话，那就意味着你要将对话视为你创造和设计的东西，而不是你促成的东西。这是一种解放。如果你能开始思考如何通过设计，而不是纯粹的意志力来影响对话的结构和参与者的体验，就会有很多新的可能性。这依靠的不是你的人际交往能力，而是另一种能力，即发现机会并加以设计，以塑造结果和影响的能力。

更重要的是，对我们中的很多人来说，这些“工具”能够让我们对对话进行创造性的控制。将创造力视为一种善意的力量，当对话开始偏离方向时，你可以让其发挥力量。在你所进行的对话中运用创造性结构的最强大之处在于，它可以帮助你平衡权力，避免不平等，并以一种内置于某种结构中的方式来实现，而这种结构影响着对话的进行。我们将探讨一些对话的形式，有了这些形式，害羞的人可以充分地表达自我，人们可以测试他们不确定的想法，批评可以让人们感觉有建设性，甚至有趣、好玩。设计能够让对话变得更公平，而不需要我们时刻对语言和氛围进行控制。

开展对话

动笔之初，我满怀希望，我觉得自己可以用乐观的态度来写作和谈论对话的未来。这不是盲目的乐观。

我一次次地看到很多锲而不舍的人在各种充满困难和挑战的情况下完成了艰难的对话。我看到更多的人在弥合分歧，而不是陷入分歧；我看到人们在解决棘手的问题时并没有战战兢兢，而是带着一种兴奋，甚至是喜悦。

我去西班牙朝圣，去喜马拉雅山旅行，以了解为什么有那么多人会与同行的朝圣者建立了终生的情谊。我在贵格会[①]的聚会上静坐，以更好地理解贵格会的倾听、见证和作证模式；我与拉比[②]谈论逾越节的家宴和“守丧”，举行这两种仪式都是为了了解如何度过危机，并用古老的方式来探讨当代问题。

我与心理学家和人类学家进行了交谈。与心理学家的一些对话是关于人们如何使用沉默等特定的方法，或者姿势如何影响你对某事的思考和感受。我们也谈到了创造的过程，以及我们可以从创造心理学中学到哪些东西，并将其应用于对话的艺术中。有些对话是为了让我了解写一本书有多难。

然后，我将目光转向了艺术家。我与导演们探讨了戏剧作品如何吸引和重新吸引观众的问题。一位颇有成就的剧作家与我分享了他在创作过程中的挣扎，以及为了创作，如何重新审视那些原本想要放弃的一切，尝试从看似碎片和幻象中创造出一些东西。这就是我希望从对话中获得改变的挣扎：对话会无声无息地结束吗？参与者是否能从中找到意义？仅仅通过语言，

---

① 贵格会是基督教新教的一个派别，又称教友派或公谊会。——译者注

② 拉比是犹太人中的一个特殊阶层，是老师和智者的象征，主要为有学问的学者。——译者注

你就能改变某些东西或者创造新的东西吗?

我曾参与重新诠释抗议音乐的合唱团；与讲述美国原住民的故事的人会面，听他们如何将歌唱融入作品；与游戏设计师会面，了解规则如何改变，找到游戏与对话之间的微妙关系。

最后，我回顾了自己作为艺术家、建筑师和设计师的职业生涯，寻找这些经历中蕴含的经验教训。

本书汇集了从一个个让对话成为现实的案例中总结出的经验和智慧，以及帮助你驾驭那些看似失败的讨论的技巧和窍门。书中还提供了一些方法（有的简单，有的复杂），帮助你以更具创造性和趣味性的方式进行对话。

创意对话由七个组成部分，也就是我所说的 7C，即承诺（commitment）、创造性倾听（creative listening）、清晰（clarity）、语境（context）、约束（constraints）、改变（change），以及最终的创造（creation）。让我们快速地了解一下。

承诺。我们大多数人在对话时只有一个目标，即让别人相信我们是对的，他们是错的。这有什么不对呢？坚持自己的信念会让我们感到安全和强大。但创意对话是非常不同的。它们是开放式的探索。在进行创意对话时，我们可以尝试放弃自己的想法，或者至少不要一味坚持；可以尝试专注于对话本身和与我们对话的人。这始终是一种需要勇气和乐观精神的行为，也是世界上最难的事情之一。因此，请你扪心自问：我是否真正投入了?

创造性倾听。大多数人不善于倾听，也很少有人真正喜欢倾听。我们把倾听当作一件苦差事，点头附和、恭恭敬敬、保持沉默，等待轮到自己说话。其实，倾听可以是一种创造性的行为，它能产生效果，并且令人愉悦和满足。通过创造性倾听，我们可以学会帮助人们更好地讲述他们的故事；验证他人，而不是我们自己的观点；接受我们自己的反应和判断。当我们以这种方式倾听时，我们就是在积极寻找创造的机会。

清晰。词语是对话最基本的元素。但是，词语可能会产生歧义。有些复杂的专业术语并不是每个人都能理解。有些词语我们每天都在用，我们认为它们有共同的含义，但实际上并非如此。因此，在我们听到的词语和别人使用的词语背后的含义之间存在鸿沟的情况下，很多对话就失去了意义。但如果我们从对话开始时就尽量明确定义所用的词语和术语，我们就可以建立一种共同的语言，甚至找到共同的价值观。正确的词语将我们团结起来，并为我们指明前进的方向。

语境。对话的地点对对话的进行有很大的影响。从字面上看，空间设定了脚本：有些空间会赋予对话额外的能量和活力，有些空间则会使对话索然无味。我们将学习如何为你想要进行的对话选择合适的空间。有时，这意味着重新布置现有的空间或干脆搬到另一个空间。有时，仅仅是位置的一个细微变化，就能对可能发生的对话产生巨大影响。

约束。每次对话都有规则。但很多时候，这些规则往往是随意设定、不明确或不公平的。结果，每个人都会感到沮丧，一切都好像不公平、没有效果。最响亮的声音最终会主导对话，将对话变成他们的独白。但是，任何设计师都会告诉你，约束可以激发创造力，规则可以让我们更自由。我们并不是要照搬他人的规则，而是要为我们想要进行的对话或想要建立的社区设计更好的约束。本章将探讨我们如何利用一系列规则和约束条件来使对话更真诚、有趣、安全和有意义。

改变。所有富有创造性的对话都需要一个改变的时刻——当一群个体达成共识，成为一个致力于创造的群体时。这种集体改变的时刻让我们能够想象如何推进对话，并激发行动的潜力。我们可以在一些最古老、最神圣的实践中找到最好的工具。熟悉而神圣的文本、誓言和承诺使我们建立起社区和真实的联系，这些一直都是人类经验的核心。它们可以让人们在深思熟虑后开始改变，可以提供直观（即使有时并不明显）的前进道路。

创造。我们何时才能停止空谈，并开始行动？很多有影响力的对话产生了非凡的想法，但其中很多想法却止步于此。创造就是将切合实际的想法付诸实践。创造意味着要真实地了解对话中的人是否有能力将想法变为现实。创造就是要有重新承诺的勇气。创造就是将对话变成现实。

本书的七章内容是一套工具，但也是七个步骤。我们要按顺序进行各个步骤，因为它们的难度在逐渐增加。开始的时候并不容易，但你可以有针对性地多加练习。例如，学会用新的方式倾听就是你可以立即开始尝试的事情。

随着我们往下进行，我们需要更多人的参与。你可以自己制定规则，但要让这些规则发挥作用，就需要人们达成一致。而且，书中后面的工作往往依赖于前面的学习。例如，如果不明白规则背后的原因，就很难做好规则的制定工作。

此外，本书中还有一些“启示”。这些部分的作用类似于大型会议或研讨会中茶歇的作用。你可以休息片刻，放松一下，发封邮件，去洗手间，或者吃点东西。但有时你可能会被某个有趣的人吸引住了，你会继续与他聊天，并发现自己获得了灵感。

阅读本书时同样如此。有时，休息是你现在就可以做的事情；有时，休息时间稍长，但你可以利用这段时间探索一些事情，从而想出一种关于对话的新方法或新思路。就像在现实世界中一样，休息的方式虽然不同，但都能让你有所行动或者找到灵感，哪怕只是休息片刻。

最重要的是，我希望这本书能给你带来希望。

因此，当你觉得无法进行对话，或者当人们都有这种想法时，这本书会提醒你，你可以，人们也可以。不要轻易放弃。

当对话看似艰难时，当它让你感到紧张时，当你感到有风险或处于危险边缘时，请记住一句话：对话始终是一种具有创造性的行为。我们不必只是对话的参与者或受害者，我们可以成为最重要对话的创造者。

目 录

Making Conversation
Seven Essential Elements
of Meaningful
Communication

第 1 章

真正投入对话，让分歧成为桥梁而非阻碍

我们必须跨越界限。首先，关于变革的想法必须能吸引拥有不同背景的人，这些人并不是对所有事情都持相同看法。其次，人们只有脱离家庭和朋友圈才能重新找回自我。

蒂莫西 · 斯奈德（Timothy Snyder）
美国杰出历史学家
耶鲁大学历史系教授

“你真正投入了吗？”

我此刻问的正是你——作为读者的你。在我们正式开始之前，我想确定我们的想法是一致的。

“你真正投入了吗？”这是我一直在问的一个问题，问我的客户、朋友、各种大型团体组织，甚至我的丈夫。人们往往会很快回答：“是的，当然啦！我们坚持自己的想法，致力于达成我们的目标，坚守我们的信念，推进我们的计划。”

我完全不是这个意思。事实上，我的意思恰恰相反。

我问的是：你是否真正投入了这次对话？你在认真对待与你交谈的人吗？

这是一种非常不同的承诺。但这正是我们的第一步：如何真正投入到一次对话。

放下执念，让对话本身成为焦点

玛丽·C. 金泰尔教授与我亦师亦友，她经常就“如何以及何时站起来说出你的观点”这一主题发表演讲。有一次，她在演讲过程中接受了一位听众的提问。这位听众从演讲一开始就举起了手。

他问：“我总是坚持立场、直言不讳，但从来没有人听。为什么会这样？”

“你已经有答案了，”玛丽说，“也许这与你如何表明立场有关。”

最近，我从罗伯特·伍德·约翰逊基金会（Robert Wood Johnson Foundation）的 CEO 理查德·贝瑟（Richard Besser）那里听到了类似的说法。他说：“现在，人们很难开展对话。我们如此固执己见，以至于不再只是说‘我不同意’，而是说‘我不同意，你错了’，或者更糟糕的‘我不同意，你错了，我恨你’。”他的话让人印象深刻。或许现在的情况更糟：我们会对与我们意见相左的人说“你错了，我讨厌你，你在撒谎”。

我们很容易将责任归咎于政治或社交媒体——是的，它们可能放大了分歧。但事实是，这源于我们童年接受的最基础也最珍贵的教育。我们从小就被教导要坚守信念，捍卫我们的价值观。当我使用“承诺”这个词时，大多数人首先想到的就是这个。

当然，这是有道理的。首先，形成信念需要付出很多的努力。我们并非生来就有某种信念，尽管事实上我们可能继承了某些信念。建立信念需要探索各种观点和世界观，需要与我们信任的人进行讨论。我们会逐渐为自己的信念搜集证据，并寻找志同道合者。最终，我们会用这些信念来审视我们的世界。自然而然地，我们就会想要捍卫这些信念。

然而，很多时候，我们的信念是根深蒂固的，随之而来的可能是偏见、偏执甚至仇恨。这意味着，当我们进行对话时，我们必须愿意客观审视这些信念，并决定是否要将它们带入对话中。说实话，我们一开始抱有的信念（如关于种族、性别和阶级差异的认知）可能通常会阻止我们开启对话。

当我们将对话视为一种创造性行为时，我们需要重新定义我们努力要做的事。我们不需要成为信念的捍卫者，而是要致力于形成信念的过程：探索、群体和对话本身。

多项儿童发展心理学研究表明，群体在帮助儿童形成信念方面起到了重要作用。从本质上讲，我们要回过头研究一下早期的信念形成和探索模式。

或许孩子们知道一些已经被我们这些世故的成年人忘记的东西，这正是我前往马萨诸塞州大巴灵顿的约翰·杜威学院（John Dewey Academy）的原因。

当驱车穿过巨大的石门时，我脑海中闪过的第一个念头是：这里是霍格沃茨。这座城堡般的建筑的四周有四座几乎与它一样高的塔楼，入口处有一个巨大的石拱门，需要用双手才能转动橡木巨门的铜制把手。虽然天很热，但进入幽暗的主厅就像进入了一个凉爽的洞穴。正如霍格沃茨的比喻一样，大厅内部似乎比外观更显宏伟。华丽的木质楼梯呈“之”字形蜿蜒而上，就像画家莫里茨·埃舍尔（Maurits Escher）的作品一样。

选择进入约翰·杜威学院学习的学生，就是选择了全年无休的校园生活。很多学生可能几个月都见不到他们的父母，也无法与父母聊天。他们会远离毒品（包括医生开的药），而且他们还将负责城堡的所有维护、清洁和烹饪工作。

从某种意义上说，他们是一群迷失自我的孩子，他们中的大多数人是因为“自暴自弃”或“自我毁灭”才来到这里的，他们都是有严重毒瘾的青少年——值得注意的是，这些年来，成瘾形势已经发生了根本性的变化。在约翰·杜威学院成立之初，毒品、酒精和暴力行为是学生们的顽疾所在。如今，那里的一些青少年仍受药物成瘾困扰，但同样有很多人沉迷于游戏、社交媒体和色情。他们没有表现出攻击性，而是从内心走向堕落。很多人无法在社交场合进行正常沟通，他们宁愿选择电子邮件和短信也不愿当众开口。一位在杜威学院任教 18 年的数学老师告诉我：“当他们产生对抗情绪时，我上课时似乎更轻松一些。”

他们也是一个相当多元化的群体。我遇到过来自曼哈顿上流社会的学生，来自美国南部和中西部乡村的学生，还有来自印度等国家的学生。人们不相信这些孩子能和平共处，更不用说他们会在学校生活中成为彼此的照顾者了。

校长安德莉亚·莱恩（Andrea Lein）是一位临床和学校心理学博士，她认为杜威学院之所以成功，是因为它是一个“安全空间”。在我们当今的文化中，“安全空间”一词有很多不同的含义。有时，我们可以用它来描述一种环境，在这种环境中，人们可以确信他们不会听到或者不会接触到冒犯他们的观点。关于这种理念的紧张情绪已经开始出现，尤其是在大学校园里。一些学生选择远离与自己价值观不同的人，远离可能产生冲突的对话，但另外一些学生则认为观点的碰撞是高等教育和人文学科的基本价值观之一。

杜威学院并不是这样的安全空间。安德莉亚澄清说：“在这里，安全空间的概念与大多数人所知道的完全不同。我确实认为这里是一个安全的空间，我们希望创造一个安全的空间，但安全空间的意义在于，我们彼此能有足够的信任，能够坦诚相待，并以一种可以帮助我们学会尊重差异的方式分享真相。我们不希望大家在相处时总是小心翼翼的，我们真的不想这样。”

杜威学院发挥了作用，对话确实治愈了这些孩子，这一切都是归功于承诺。这些孩子由于各种原因失去了参与日常社会生活的能力，但在这里，对话是“治愈”他们的基础。正如一位母亲向我描述的那样，一旦加入，大家就会致力于持续不断的对话，探讨如何共同成长。

这种承诺让神奇的事情发生了——就像童话中的城堡一样。

正如安德利亚所定义的，杜威学院是一个安全的空间，因为所有的观点，无论是尖锐的观点、有争议的观点，还是存在潜在冒犯性的观点，都可以被公开讨论，而且大家都承诺维护社区的安全和支持公开、坦诚对话的价值观。杜威学院是这些对话的庇护所，因为制定规则、明确违反规则的后果以及学生的进步和学习方法等事务都是由持续进行的对话推进的。

杜威学院是一个极端却鼓舞人心的案例，诠释了承诺的含义。创意对话就是要求你更轻松地坚持自己现有的信念，承诺与一群和你一起探索的人保持深度联结。从本质上讲，这意味着让你用构建起现在的信念和价值观的过程去探索新信念和建立新社区。

这看似简单，却是一种难以想象的思维方式的转变。在很多方面，你都将与当前的对话模式背道而驰，但这是一件好事。慢慢开始，与朋友和家人一起练习，这会让你发现做出这种转变是多么困难。但与此同时，这可能也会让你切身感受到致力于探索和开放性思维的力量。

接纳差异，在不同中寻找联结

在 IDEO 公司任职期间，我们与 Weight Watchers（WW）[①]公司开展了很多合作。他们的产品宣讲会在时长和内容方面都

---

① Weight Watchers 是美国的一个体重管理品牌。——译者注

设计得很好，但人们走到门口却不愿意进去。这是一个很大的问题，却没有得到公司管理层的重视。于是在一天早上，我带着公司的 CEO 和一群高管去了达拉斯的一座非裔美国人大教堂。

他们一看到高速公路上车辆排起的长龙（这个地方非常受欢迎，每个星期天都会有大约 30 000 名教友来到这里），就开始不安起来，想要打退堂鼓。当有人招手示意我们进入迪士尼乐园般大小的停车场时，他们更加不安起来。我们走近这座庞大得像好市多（Costco）一样的教堂，融入穿着盛装的人群。这就是真实的达拉斯。“我们应该离开这里，”他们说，“我们太显眼了。”

他们和每一位想加入 WW 的人一样，都经历过犹豫不决的时刻。在进入宣讲会会场之前，你会发现有人在门口徘徊，往会场里张望，打量与会者。他们会非常谨慎地从门口经过一两次，快速地向里面瞥几眼。他们会坐在停在会场外的车里，从远处留意着那些进入会场的人。他们在打量那些进入会场的人，并且看看自己与那些人有什么不同。

我比那些人更胖，还是更瘦？我是唯一的男性吗？每个人都会问自己：这些人和我一样吗？我会引人注目吗？我会冒犯他们或让他们感到不舒服吗？当感受到太多差异时，人们就会选择不参加会议了。这时就有了借口，他们告诉自己，“我只是没有时间”。

无论何时，只要我们发现自己身处一个群体中，扫描评估和寻找差异是我们的第二天性。当我们走进一个房间，当我们查看邀请我们参加会议的电子邮件，当我们浏览派对电子邀请函上的嘉宾名单或阅读他们的简介时，我们都会这样做。这都是因为我们很容易认为，对话的对象越是和自己不一样，对话就越困难。

奇妙的是，一旦你走进那扇门，一旦你参加了第一次会议，与那些比你胖的、比你瘦的或看上去与你完全不同的人坐在一起时，你就会意识到，这种不同并不会妨碍会议和对话为你提供支持和帮助。

顺便说一下，WW 公司的高管最终还是鼓起勇气，走进了教堂。这场 30 000 人的聚会（更像一场音乐会，而不是教堂集会）不仅给他们带来了大规模聚会的灵感，更令他们发现，与他们坐在一起的人和蔼可亲、充满爱心，与他们认识的、参加他们会议的人没有任何不同。

很简单，我们要接受差异。

我很喜欢哈尔·阿什贝（Hal Ashby）的电影《哈洛与慕德》（*Harold and Maude*）中的一个场景：害羞、拘谨的哈洛在游乐园看到慕德与陌生人打交道后，转身来问她为什么这么善于与人打交道。莫德轻描淡写地说："这有什么，他们是我的同类。"这个观点值得我们牢记。

作为同一物种，我们的相似性要比差异性大得多：我们都会经历生老病死，都会因暴力和混乱而受到伤害，都会在繁荣和富足的环境中茁壮成长。在我的职业生涯中，我一直在跨越阶级和文化的界限，与富裕阶层和贫困阶层进行对话。我曾在梅奥诊所（Mayo Clinic）从事医疗保健工作，也曾与印度乡村地区的医生共事，还曾为非常富有的人和生活在贫困边缘的人提供金融服务。我看到过妻子把钱藏在鞋盒里，以防丈夫发现；我还看到过有人在开曼群岛开立账户，用来藏钱。归根结底，他们就是要把钱藏起来，不让别人知道。虽然社会环境和文化背景不同，但很多让人感到自豪的愿望、目标和事情却始终相同，而导致我们恐惧和焦虑的事情也是如此。此外，在不同的文化中，我们庆祝、哀悼、崇拜或结婚的方式在本质上也是相似之处多于不同之处的。

这并不意味着我们没有差异。我们当然有差异，但我们仍然是同一个物种。

掌控对话基调，避免被动陷入僵局

我和丈夫搬到纽约的第一天，我一个人在公寓里应对搬家公司。他们花了大半天的时间才把我们的家具搬进屋。公寓里又热又乱，搬运工人们筋疲力尽。当所有家具都堆放在公寓里时，我独自一人完全不知所措，快要哭出来了。

正当我束手无策时，耳边响起了一阵急促的敲门声。我打开门，看到了楼下女邻居那愤怒的脸。“你懂得公寓里的规矩吗？”她大叫道。似乎我破坏了所有的规矩，比如把她的楼梯间堵了一天、制造出大量噪音，等等。

当时，我已经感到焦虑不安了，而这种焦虑不安又开始转化为难以抑制的愤怒。纽约人的咄咄逼人是众所周知的，她恰巧是我的邻居，我可不想做一个来自加利福尼亚的胆小鬼。我完全可以以其人之道还治其人之身，很多想法都在我脑海中闪过，但不知怎么的，在我让她得逞之前，我突然发现自己问了一个非常直截了当的问题（我的声音肯定有些颤抖）。

“我们真的要这样开始我们的对话吗？”话一出口，我非常惊讶，而她似乎更惊讶。她略显迟疑地看着我说：“不，不是这样的……”

于是，我们重新开始了对话，用完全不同的语气。我真诚地表达了歉意，她也为我提供了帮助。我在那栋公寓里住了三年，并与楼下的这位邻居成了好朋友。几个月后，“桑迪”飓风来袭，我们都受到了停电的影响，她带着蜡烛和几瓶酒来到我们家，我们一起度过了那个令人不安的夜晚。

想一想，你有多少次对话——重要的对话，与重要之人的对话——你明知道可以使用不同的语气，有不同的感觉，但你却不顾自己的直觉，任其出错。对话的语气往往是对某种情况或互动的最初片刻的无意识反应。然后，我们发现自己被困住了，任由对话不受控制地进行下去。对话完全由当时的感觉决定，而不是由我们想要或需要完成的事情决定。

有谁愿意投入一次自己不想要、语气不对或者一开始就不愉快的对话呢？

每当回想起与邻居的那次对话，我就会想起这句话：主动争取你想要进行的对话。

聚焦核心，明确对话优先级

如果将每一次对话都视为你需要设计的对话，那么你很快就会心力交瘁，也会失去对话带来的乐趣。选择投入对话意味着你要善于评估什么对你最重要。无论是私人场合还是工作场合，你想从对话中得到什么？

你可能是一家公司的 CEO，但今天，最重要的对话可能发生在家长会上；你可能是一位政治活动家，在人群中自信满满、谈笑自如，但与家人们围坐在节日餐桌旁时却会感到不自在。因此，将重要的对话大致分成三类是很重要的。前两类比较实用，可以普遍推广；而第三类更有针对性，需要你依靠自己的直觉判断。

有目标的对话。这类对话可能是最容易发现的。它们旨在解决问题或构想未来愿景，可能涉及个人层面（如“我的职业目标是什么？”）、组织层面（如“我们的组织如何产生影响力？”“我们如何解决重大问题？”）或社会层面（如“如何减少无家可归现象？”“城市如何遏制枪支暴力？”）。

这类对话通常都与战略制定有关。在所有行业、场景和领域中，制定战略都是一种对话形式。如果你要制定长期策略，就需要进行持续性对话；如果你要针对某个具体问题制定策略，就需要进行简短的对话。我在工作中一直秉持这样一个理念，即所有与战略有关的对话都需要注入某种形式的创造力。这不仅是因为我相信创造力能带来更好的解决方案，更因为制定一个影响深远的战略应该是令人兴奋和激动的。良好的战略对话确实需要所有人承诺积极参与探索、头脑风暴和解决分歧，但鉴于最终需形成计划，所以这种探索需要得到引导。这正是本书发挥作用之处。

建立共识或理解的对话。如果说有关战略的对话是关于探索的承诺，那么这类对话则为人们提供了一个重新调整并致力于实现既定目标的机会。在家庭和个人生活中，这类对话可以被称为家庭会议，这些会议通常是在家庭成员有分歧或违反“规则”时召开的。在职场中，这类对话可能涉及将一个较小的战略团队的成果推广到整个组织。这类对话也可能是另一种家庭会议，即旨在修正职场文化或建立职场文化的对话。

让你恐惧的对话。最后一类对话只有你自己才能评估，但在很多方面，却是最关键的一类对话。我使用“恐惧”这个词略显夸张，但目的是要指出，当你回忆起这类对话时，你的感觉会与你恐惧时的感觉类似，你可能会如坐针毡或者感到胃部不适。这暗示着在某种程度上，这可能是一次令你不安的对话。也许这和与你对话的人有关：他们是否掌握某种权力而令你感到害怕？你可能会发现一些不愉快或者引起冲突的事情？

这三类对话往往是我们最需要进行的对话。它们会让你变得更强大，并且会加深你与你最关心的人之间的联结。

学会止损，避免无效对话消耗

无论如何，如果你无法做出承诺，那就不要开展对话。

这对你和富有成效的对话来说都是正确的。根据我的经验，大部分失败的对话都源于对话中的一人或多人并没有真正投入其中，而且他们也没有诚实地告诉自己或者他人无法或不愿投入的原因。

或许我们都有过这样的经历，在尝试新事物时，我们被在场的反对者所惹恼——我们中的大多数人也曾扮演过反对者或怀疑者的角色。无论你站在对话的哪一方，不认真投入都会扼杀创造力和进步，甚至在团队中滋生沮丧和矛盾的情绪。

我鼓励你们对重要的对话进行反思，并严格要求自己。你的目的是达成共同的目标吗？你认真对待团队中的人了吗？

有时，对对话做出承诺真的很难，比如当你感觉不到对方认真对待时，当对话内容漫无边际时，当氛围让人感觉不到真诚、支持和安全时。

选择不做出承诺既需要自我觉察，也需要自律。然而，当你意识到对话在没有你参与的情况下也可以顺利进行时，或许置身事外对你自己和对话都是最好的选择。

用原则锚定对话方向与底线

在梅奥诊所工作期间，诊所所有的工作人员都能够察觉并理解病患的痛楚令我深受触动，无论是医生、接待员、护士还是保管员，他们都秉持着高度一致的奉献精神和服务意识。当你走进梅奥诊所时，你会发现处处都体现了两个核心原则：同情和共情病患及其家属，激发病患战胜疾病的信心。

有一次，我参加了他们为新员工举行的入职培训。诊所的工作人员为这些新员工详细地讲述了该机构的历史、致力于医学科学的主旨以及梅奥兄弟的故事。有趣之处在于，所有的新员工都参加了这次培训，无论是将要成为清洁员的后勤员工，还是即将拿起手术刀的顶级外科医生。每个人都在同一时间学习了组织的原则和使命。正是这种对创始原则的承诺使梅奥诊所的文化如此独特。

正如任何好的职场文化或社区文化都需要原则指引一样，好的对话也应该有原则。原则是说明你将承诺什么的计划。

当我搬到IDEO公司纽约办公室时，我们最先做的一件事就是与92街Y（92nd Street Y）合作举办了一系列名为“突破与创造”（Break and Make）的公开讲座。形式非常简单，即邀请同行业的两位CEO进行对话。其中一位来自行业中一家正在崛起的企业，另一位来自在世界上享有盛誉却鲜少创新的传统企业。例如，我们曾将时任Weight Watchers公司CEO的大卫·克希霍夫（David Kirchhoff）与SoulCycle公司联合CEO朱莉·莱斯（Julie Rice）和伊丽莎白·卡特勒（Elizabeth Cutler）请到一起，就如何领导快速成长的公司相互提供建议。这是一次热烈和坦诚的对话。

在刚开始时，我们通过向观众发放反馈卡收到了两条反馈，我一直记在心里。一条是“你们是如此有创造力的人，我不明白你们为什么要采用小组讨论的形式”；另一条是“这真是一次有趣的对话。我希望能有一种方式让更多的观众参与进来”。看起来，“突破与创造”的主题在一开始就遭到了挑战。

我们几个聚在一起并决定，在举办更多活动之前，我们需要调整这些公开对话，不仅是设定基调，更要形成设计对话的指南。

我们需要原则。

因此，我们深入研究了我们喜欢“突破与创造”这个主题的原因，如参与其中的组织正在努力应对重大变革，但对话绝不是危言耸听、博人眼球的。对话是低调务实的，人们能从容地谈论他们正在努力解决的问题。我们喜欢这种氛围，并希望保持下去。

我们的第一个原则是，创意对话应该让人感到谦逊和诚实。

“突破与创造”的核心还在于参与对话的人应该互相帮助。于是，我们制定了第二个原则，即我们的对话应该是慷慨互助的。也就是说，加入这样的对话，你可能会从中获得你正在寻求的帮助；同样，你也可能为其他人提供帮助。

我们也听到了一些批评意见。有些活动给人的感觉不够包容。更多的人希望参与其中，他们不愿意只是扮演旁观者的角色。我们确定了第三个原则，即“民主”原则，这既是为了让大家知道我们希望谁来参加，也是为了让大家感受对话的方式。我们认为精英与精英之间的对话或许非常无趣，而聚集在一起的人们希望有机会互相交流。

多年来，这些原则一直是创意对话的基础。

这些原则旨在确定对话的基调、氛围和意图。如果对话是关于团队建设的，那么你可以选择轻松、开放和互动这三个原则；如果对话是要向员工宣导一项新的人力资源政策，那么你可以选择严谨、务实和互动这三个原则。

为对话制定一系列原则有助于你做出承诺，并最终设计对话。但仅仅列出这些原则并不能确保人们在对话中应用它们。它们是对话的愿景灯塔，我们在本书中探讨的创造性工作将帮助你在对话中真正应用这些原则。

对话需要勇气，勇敢迈出联结第一步

有了承诺就有了勇气。

当我与学生交谈、与客户合作时，或者在设计团队陷入绝望时，我总会提醒他们，有些时候，他们必须选择勇敢，别无他路。虽然我们并不是要去攀登珠穆朗玛峰，但这是一种“日常的勇敢”，我们在设计对话时需要更多这样的勇敢。承诺需要勇气，而你实际上需要练习让自己有勇气。练习得越多，你在承诺投入的对话中就越自信。

我的哥哥是一名厨师，他喜欢在深夜文身。在他去世后，我选择用文身来纪念他。我想把“brave（勇敢）”这个词文在心脏上方，每天都能看到。我这样做是为了提醒自己，即使在日常生活中也要勇敢。每天早上，当我在镜子里看到它时就会提醒自己，我必将面临需要勇气的时刻，不应该忘记要努力变得勇敢。勇气不是自然而然就能拥有的，你需要付出努力，一步一个脚印地前进。

虽然人们时常抱怨对话变得越来越难、越来越少，而分歧和差异越来越多，但我在为写作这本书做研究时却没有经历过这样的情况。人们正在进行艰难的对话，他们向他人做出承诺，向差异敞开大门。而帮助他们践行这种勇敢而坚定的行动的方法之一就是以创造性思维思考对话。

本书其他部分的设置不仅是为了帮助你激发勇气，更是为了助你练习你的勇气。对话中的创造力能让你从根本上重新思考对话的方式。它为你提供了新的工具、新的灵感来源，让你找到新的前进方向。在这种情况下，并不是说你需要勇气才能有创造力，而是创造力将赋予你勇气。

那么，让我们开始吧！你愿意投入吗？

用记录沉淀对话价值与方向

《时尚》（*Vogue*）杂志创意总监格蕾丝·柯丁顿（Grace Coddington）曾经说过："永远睁大眼睛，保持观察，因为所见万物皆可成为你的灵感。"我在讲课时经常引用这句话。这个世界值得你花时间去仔细观察。

这就是我鼓励所有从事创意相关工作的人、设计团队以及开始创意探索的人都随身带一本笔记本的原因。这个笔记本并不是用于随时记录心路历程的日记本。在阅读本书时，我希望你考虑在手边放置一本"对话笔记本"。这个笔记本上应该包括三个部分。

1. 关键的对话。这一部分要列出对你来说最重要的对话清单，也就是你选择投入其中的对话。正如本章第一部分所述，这些对话可以是对你的职业生涯很重要的对话；可以是与对你非常重要的人的对话；也可以而且应该包括一些与“挑战者”的对话，这些人与你很不一样，你有点害怕与他们对话。

2. 灵感。我在讲课时总是先让参与者分享他们曾经参与过的对话的例子，这些对话引发了他们想要的结果。信不信由你，人们常常只记得那些不愉快或者毫无成果的对话，却很少记得对话进行得非常顺利的时刻。部分原因是，我们总认为那些对话是非常容易的。我们需要开始更多地关注那些顺利进行的对话，并在可能的情况下开始评估是什么使对话进行得如此顺利。

笔记本的第二部分应该以类似于你写旅行日记或者记录其他各种有趣和鼓舞人心的经历的方式记录，但重点是你在那一天或那一周参与或观察到的对话。哪些对话让你感觉良好、富有成效？哪些不尽如人意？谁参与了对话？他们的对话风格是什么？那次对话是在哪里进行的，当时的背景是什么，有哪些显性或隐性的规则在发挥作用？睁大眼睛关注发生在你周围的对话，就是要发现你喜欢的对话、你可能想要尝试的事情和你渴望创造的事物的线索。灵感是创造的线索。

这些对话不一定是极端或令人惊叹的；相反，你可以关注那些容易发生好的对话的时机。例如，早餐就是我寻找灵感的好时机，特别是外出吃早餐时。我喜欢在吃早餐时认识新朋友。

那时，工作压力还没出现（通常在处理完电子邮件以后才会出现）。从生理和心理角度看，清晨是我们一天中最容易产生乐观情绪的时间。早餐本身就有助于确定基调和节奏：既便宜又简单，没有太多的选择，所以不会焦虑。在点餐前，你们可以聊聊自己的生活；在吃饭时，你们可以聊一聊热点的话题；在买单时，你们可能会做出某种承诺。这些时刻实际上是一种停顿，也是重设对话基础的机会。吃早餐的地方通常有足够的生活气息和活力，让我们保持思维敏捷，但也足够温暖和安静，让我们专注于彼此。

通常我们会用 50 分钟的时间来吃早餐，既要为接下来要做的事情留出时间，也不用担心对话会占用太长时间。下次吃早餐的时候，请你环顾四周：好的对话就在你身边。通过观察对话的环境可以发现很多线索，让我们知道是什么让对话如此精彩。

3. 你的计划。当我们准备举办一个 10 人晚宴，或进行马拉松训练，或去异国度假，或在工作中启动一个重大项目时，我们都会制定一个计划。我们从不随心所欲或者边做边想，那太荒唐了，因为我们知道复杂的事情需要精心准备。如果我们能更好地为对话做计划，如果我们能在对话中投入更多创造性思维，我们就能找到一个更好的解决方案。在对话变得艰难时，适当地采取具有创造性的做法可以给我们带来惊喜和愉悦。精心设计的对话应该允许更多的差异性和更多的探索，同时减少焦虑；应该让我们更接近事实，容纳更多不同的声音；应该提供更清晰的方向。好的计划是希望的标志。

那么，计划应该是什么样的呢？

为对话制订计划很简单：对目标的共识、对潜在障碍的预判，以及一些能够帮助你突破障碍的方法。计划的结果可能很重要，但计划的组成部分却很相似。

在笔记本的最后一部分，与其说是记录过往，不如说是预测你想要进行的对话（你可以将它想象成艺术家的素描本）。这些对话可以是即将开始的真实对话，也可以是你将来想要设计的对话。它们应该有一个名字（我们稍后再探讨命名的意义）、一系列原则以及对参与者的想法。然后是一个关于计划的描述，这个计划可以从本书各章节中所介绍的工具和灵感中提取出来。

第2章

跳出被动回应，让倾听成为发现与联结的工具

关注是最珍贵、最纯粹的馈赠。

西蒙娜·薇依（Simone Weil）

哲学家、作家、神秘主义思想家

我的舅舅天生失聪，所以在我母亲的童年时代，倾听变得十分宝贵，而当沉默被打破时，那便是件特别的事，是一份礼物。母亲流利的手语使她的手势和肢体语言更具表现力。即使她只是在听，她也显得格外投入，仿佛被对方说的话所感动。她是一位神奇的倾听者。只需要几个最简单的问题，她就能让那些看起来像石头一样沉默的人讲出故事来。她是如此坦诚、慷慨和善于鼓励人，人们愿意满怀希望地与她分享那些艰难的经历。他们愿意让她知道更多。

在她 40 岁出头，也就是我 20 多岁时，她突然严重中风，身体瘫痪，思维能力也受到了影响，听别人说话变得很费劲。即便是这样，当她听我说话时，我仍然很感动，因为她会扶着我的脸，让我靠近她，仿佛能把我说的话直接吸进她的耳朵。

我不能说我一直是一位好听众。这并不是说我缺少机会，无论是在聚会上，还是在大街上，总是有奇怪的陌生人走到我身边，和我聊天。但在很长一段时间里，我都太过自我，也很没有耐心，根本不愿意听他们说话。如今，我发现自己习惯于埋头做事，或者干脆忘记了倾听。

几年前，我开始注意到，IDEO 公司中的一些设计团队已经形成了不好的倾听习惯。我发现，设计师将更多的时间用于做访谈和打字记录人们所说的每句话，而不是真正倾听人们在说什么。他们缺乏眼神上的交流，忽略了手势和其他细微的表达。起初，我会要求他们“像母亲那样倾听”，然而我很快就发现，每个人与其母亲的关系都不一样，这难以作为一项标准。

于是，我重新开始回忆和研究我的母亲在倾听别人说话时所表现出的特质。这种倾听像一种艺术形式，令人赞叹、振奋、充满力量。从她那里，我明白了倾听并不是被动的，而是一种探索，一种洞察周围世界的方式，一种能帮助你同时发现自我和他人的生成行为。我深知善于倾听所带来的那种感受。

什么是倾听？我想分解它、理解它，使它成为一种可学习的技能。这不仅对我们与客户的合作很重要，对我们团队之间和团队内部的合作也很重要。

如果不能真正做到倾听，你甚至难以开启对话。那么，我们该如何做呢？我们如何从不善于倾听转变为善于倾听？我们如何从出于工作需要的倾听转变为发现快乐的倾听呢？在写作本书的过程中，我决心要体验什么是真正的倾听。在本章中，我将分享我的一些经验教训，希望能对你有所帮助。

剖析倾听障碍，打破固有模式

你上一次举手发言是什么时候？是在讲座、课堂上，还是在会议上？是在人群中还是在一个小团体中？你的手是高高举起，还是谦虚地握于胸前，希望不被人注意到？

这个习惯从孩提时代就已经养成，对我们大多数人来说，这是我们正式学习倾听的第一课。老师提问，你举起手，等待老师点名，然后回答。多么熟悉的流程！一本教学手册里写道：“如果每隔几分钟就被打断一次，你将无法很好地控制学习和讨论的流程。”举手发言与我们对课堂学习的印象密不可分——在搜索引擎中输入“学校里的孩子”，你猜第一个出现的是什么图片？在我们迈入社会很久以后，举手发言仍然是我们参与和专注的标志。

我们应该更仔细地研究一下这种举手的方式。当举起手、等待发言的时候，你的真实感受如何？也许你体验了轻微的焦虑，或者肾上腺素激增——也许是一阵恐惧（经常在公共场合发言的人可能会服用 β－受体阻滞剂，也就是一种降压药，以避免情绪波动，而这种情绪是真实的、生理性的）。这可能会引起人们对你的关注，你可能会有些不舒服。

最有可能的是，你感到一种对自己的强烈关注。你的整个意识都集中到了自己身上。举手可能是一种非常勇敢的行为，但不一定证明你在听。这是表明你在等待的信号。而且，此时你的注意力很可能集中在你正在等待的意识上。

我们被反复告知，要做好任何一件事情，比如成为一个好伙伴、好老板、好朋友，都应该从倾听开始。但似乎没有人承认，倾听是一件很难的事情。

首先，正如举手的例子所表明的，我们的生理机能和焦虑是倾听的天敌：试图全神贯注地倾听往往会激发我们“要么战斗，要么逃跑”的本能，血液在我们的耳朵里沸腾，内心的声音已经淹没了其他声音。

其次，我们很难判断自己或者其他人是否在倾听。当其他人安静地看着我们时，我们认为他们在倾听，但沉默往往并不是倾听的标志。安静也可能是其他信号，比如烦躁、昏昏欲睡、做白日梦、睡觉、分心等。我们肯定会有这样的亲身体验：我们虽然坐在别人的对面、看着他们的眼睛，但几分钟后才意识到自己根本没听清他们说了什么。在那一刻，我们认识到了自己的倾听能力很差。但其他人也是这样吗？

再次，我们谈论倾听的方式使它看起来像是我们与他人交往方式中最不引人注目、最无法鼓舞人心的一种：它是艰难的（如“我们举行了六次会议，倾听大家的诉求”），或是带有惩罚的意味（如“我要让他们好好听一听”），或是命令式的（如“大家听好了”）。倾听变成了一件不得已而为之的事情、一项任务、一件苦差事。

事实上，整个现代社会一直在对我们的倾听能力进行无情的侵蚀。从历史上看，吸引我们注意力的竞争并不激烈。如果你不想倾听，那你可以学学梭罗，躲到安静的森林里去。如果回溯到20世纪中叶我们就会发现，倾听他人，尤其是倾听你周围的人，开始变得不那么重要了。事实证明，我们不仅仅失去了良好的倾听技巧，还重新定义了什么是倾听。我们将倾听从一种探索转变成为一种消费。这一切始于电视这种技术的引入，它教会我们如何不倾听。

20世纪50年代初，我们把家庭晚餐时间交给了电视。1952年，电视桌的第一个全国性广告发布了—— 一张金属或实木桌子，装饰精致或朴素，有可折叠桌腿，很容易叠放在角落里，欺骗性的观念由此诞生。一年后，斯旺森（Swanson）推出了著名的电视餐。到1955年，遥控器已经成为我们家中必不可少的设备。一开始，我们用它来跳过广告，但很快我们就用它在各频道间来回切换。不用起身就能切换频道并不算重大创新，让我们分心的设备才是。我们在生活中建立了一个系统，这个系统让我们和我们的孩子形成了不良的倾听方式。

现在，我发现每家每户的餐厅的变化都非常有趣。餐桌就像我们童年时心爱的旧玩具一样逐渐被忽视，或者上面经常堆满文件、书籍、邮件或没有折叠的衣物。很多人把餐桌当成了书桌。在今天的美国家庭中，这个用来坐着吃饭、与家人和朋友谈论当天重要事件的餐厅基本上已经消失了。

随着电视在家庭中的普及，电视节目也在不断创新。1952年，美国全国代表大会首次通过电视转播。一位名叫沃尔特·克朗凯特（Walter Cronkite）的年轻新闻工作者负责哥伦比亚广播公司的新闻报道工作，最终他不仅成了一名新闻主播，还成了我们夜晚的“主播”，甚至是比我们的父亲更有存在感的人。随着电视影响力的扩大，电视节目开始与我们对彼此的关注展开更激烈的竞争。事实上，1957年，英国被迫中止了“哄娃黄金档”（Toddlers’ Truce）[①]这一政策。

在电视的黄金时代养成的行为习惯形成了现在我们认为正常的注意力和倾听模式。孩子们在这种不间断的噪声背景中长大。多任务处理已经成为一种有意识的习得行为，而娱乐则是一种对被动参与的奖励。我们盯着屏幕入睡，甚至在还没完全清醒时就又打开了屏幕。结果是，阅读各种博人眼球的新闻成了我们每天的第一件事，也是最后一件事。在我们的研究中，当我们问人们从哪里以及如何得知最新的头条新闻时，他们甚至不知道。新闻就在那里，显然是无源之水，无本之木。我们心甘情愿地选择了分散注意力。

超越表面回应，深入理解本质

一种更常见的倾听技巧是积极倾听。从精神上讲，积极倾

---

① 在晚上6:00至7:00之间停止播放所有节目，这样父母就可以有时间让孩子上床睡觉而不会错过任何电视节目。——译者注

听是好的，但在实践中却很糟糕。

积极倾听的起源可以追溯到 20 世纪 50 年代，当时心理学家卡尔·罗杰斯（Carl Rogers）提出了一个现在看来平淡无奇的理念，但在当时却是非常新颖的：以人为本的疗法。他认为，已被人们普遍接受的心理健康理论忽视了每个人的基本独特性，而他主张的新的治疗方法是以一系列开放式的、轻微引导的问题为基础，鼓励患者进行自我分析。

这种将倾听作为帮助讲述者把他们想说的话说出来的方法，当然是为讲述者服务，却削弱了对倾听者的影响以及为倾听者带来的乐趣。这种形式的积极倾听通常作为一种领导力实践课程来教授，更普遍的是成为人力资源从业者的主要实践。积极倾听是一种尊重，是一种参与，最重要的是它不会引起冲突，但你在倾听并不意味着你同意或参与其中。

我在一个在线论坛上看到过这样一条提示："如果你发现自己很难集中精力听别人说话，那么你可以试着在他们说话的时候在心里重复他们的话，这样可以帮助你集中注意力。"

一本颇有影响力的商业杂志是这样介绍积极倾听的："尽管一些积极的鼓励性话语可能对讲述者有益，但倾听者应谨慎使用，以免分散讲述者的注意力或对信息的某些部分进行不必要的强调。"建议使用"嗯"或"您请继续"这样的词语，因为这会鼓励人们发言，但并不意味着你同意他们的观点。

当然，开放、参与和不进行评判的想法是对的。但事实上，我们又回到了课堂上举手发言的时刻——假装参与，实际上只是在等待。事实上，积极倾听的做法过分专注于引起讲述者的改变，以至于我们忽略了倾听对于倾听者来说是一种学习行为的事实。

这种新型罗杰斯式疗法基于一组开放式的、轻度引导的问题，在引导患者进行自我分析的同时，也给予他们鼓励。

这种简单而递归的结构实际上成了最早的基于语言的计算机界面的模型之一。20 世纪 60 年代中期，麻省理工学院制造了一台使用罗杰斯技术与人类参与者对话的计算机ELIZA[①]。举个例子：

我是心理治疗师。请说明你的问题。每次说完后，请输入两次 RET。

我很不开心。

你经常不开心吗?

是的。

能详细说说吗?

工作太多了。

为什么说工作太多?

我的工作就是很多。

① 它的名字取自剧作家萧伯纳（George Bernard Shaw）笔下的艾丽莎·杜利特尔（Eliza Doolittle），她是一位学会了正确的英语和礼仪的可怜的英国女人。

刚才你说你觉得不开心。

是的。

如果你能继续，我会很感激。

我不知道该怎么办。

也许你对此已有计划。

不，并没有。

继续，不要害怕。

我很郁闷。

你为什么郁闷?

当我还是个孩子时，我的第一台电脑上就有一个版本的ELIZA。我和我的朋友们会在芝加哥市中心度过一个个大雪纷飞的下午，试图从我们的“治疗师”那里获得某种情绪上的慰藉。当然，它从来没有真正起作用，大多数时候我们会沮丧地关掉电脑。ELIZA 是一种算法，一个预先编写的脚本，所以我们当然无法影响它的思维。ELIZA 只是在模仿倾听。

ELIZA 虽然是在模仿，但它已经与我们现在在工作场所和世界上作为最佳实践的积极倾听形式相当接近了。

还有另一种倾听方式。这种倾听“实践”可以带来快乐和发现，在倾听者和讲述者之间建立联系。这种倾听方式会让人觉得很有探索性，如果我们愿意使用它，它会让人觉得更有人情味、更自然、更有趣。我将这种倾听方式称为创造性倾听，通过引入短小精悍的故事、闲聊的乐趣，以及有时不那么专注地倾听，我们可以引入情绪酝酿和观察，使我们能够进行不同类型的对话。

保持自我觉察，避免被情绪带偏

我们该如何重新学习如何倾听呢？这里有一个方法：做一些完全不同的事情。

让我来解释一下。

我的好友兼同事贝丝会率先坦言，她曾被倾听问题困扰。这并不是说她拒绝倾听，而是像我们很多人一样，她听得太快了。在每次谈话中，她都是，或者说让人感觉她总是远远走在说话者的前面。她会打断别人的话，宣称“我知道你的意思是……”。

值得称赞的是，她意识到了自己在倾听方面的问题并尽可能克制，但即便如此，她发现自己还是在等待——虽然没说话，但还是在等待下一次说话的机会。

后来，她开始学习编织。

这是一个时机问题。那时正赶上一个新的育儿潮，她所有的朋友都在生孩子，她答应要为每个新生儿都织一条毯子。随着孕妇人数的增多，她的编织工作从在家扩展到在飞机上，最终扩展到工作场所，她开始一边开会一边编织。突然一切都变了。

刚开始时，参加会议的其他人有点不安。编织是一件家务事，在商务场合做这样的事情有点奇怪。但是，当人们习惯了出现在会议桌上的毛线球以及织针的轻响（顺便说一下，这可比敲键盘的声音好听多了），好处就很明显了。贝丝在倾听，事实上，她是在用另一种方式倾听。她缓慢、有条不紊地编织改变了她参与会议的节奏。她不再会打断别人的发言，还会补充一些内容，但当她打断别人的发言时，她是平静且经过深思熟虑的，非常自然。

我们发现，贝丝也发现，冥想式的重复动作对培养用心倾听的能力很有帮助。南希·奇克（Nancy Chick）在她的文章《涂鸦和编织》（*Doodling & Knitting*）中指出，这类单一的任务实际上与多任务处理恰恰相反。她引用了一项关于涂鸦的研究，在这项研究中，涂鸦者比做笔记的人多回忆了近30%的内容。贝丝正在练习的用心倾听的方式，即在会议中编织，尽管与我们在积极倾听中看到的形式有明显的不同，但是她仍然专注于对话。

这种用心倾听的方式在历史上随处可见。最近一次偶然的机会，我与艺术家、设计师、新墨西哥州历史学家埃斯特万·雷尔–加尔维斯（Estevan Rael-Gálvez）共进午餐。我们在交谈中提到了对话，尤其是关于土著社区的重要对话、重要决定，当然还有倾听。

我们约定会再次见面，他答应给我带来一些历史资料，是当地部落长老之间对话的照片，他认为我一定会很感兴趣。我本以为他会给我看正式聚会的照片，但他带来的东西却让我大吃一惊。那是两张老照片：一张是年长的女性坐在土炕上剥玉米；另一张是年长的男性坐在门廊的直背椅上眺望村庄。他解释说，在他看来，村里长者之间最重要的对话往往发生在他们完成不需要动脑筋的工作时。人们一边关注手头的工作，一边以一种缓慢而经过深思熟虑的方式讨论了村里的重要问题。他所描述的正是用心倾听。

当时我突然意识到，我们一直都知道如何用心倾听，却开始自欺欺人。我们已经开始用那些感觉不需要动脑筋，但实际上需要集中注意力的事情来代替编织、剥玉米、涂鸦等不需要动脑筋的行为。我们自欺欺人地认为，发短信、上网、在电脑上打字都是不需要动脑筋的，我们仍在倾听，但事实当然恰恰相反。当我们的手忙着的时候，也许有一种关于倾听意味着什么的记忆已经与我们手头的设备脱节了。

给倾听留有余地，让信息自然沉淀

我想起了我第一次参加贵格会聚会时的情景。布鲁克林会堂摆放着古老的木质软垫座椅，所有座位都朝向里面。我进门时，与我握手的女士将这间屋子称为圣所。这让我几乎想转身离开——我不想闯入任何人的圣所。但现在，我已经在座位上坐好，冬日的阳光透过巨大的木窗玻璃照进来，让我感到温暖，我也没那么紧张了。

贵格会的活动在很大程度上依赖于真实和当下的参与。在其发展过程中，成员之间很少使用书面契约，而是依靠团体会议来解决问题，所有成员必须达成共识——这堪称一种通过倾听进行的测试。这意味着成员要专注，要有耐心、口才和毅力。毫不奇怪，贵格会在过去的400年中发展出了一套成熟的倾听方式。

当会议开始时，有些人选择闭上眼睛；有些人选择环顾四周或看向上方。这种肢体语言说明他们并不是在冥想或祈祷，而是处于全神贯注中。角落里一位穿着红色毛衣的漂亮女士身体前倾，睁着眼睛，手托着下巴，就像罗丹的《思想者》；一对看起来像是舞者的白发夫妇把头歪向一边，看向同一个地方，就像好奇的小狗。人们正在倾听他们内心的声音。

起初，我思绪不安，这让我陷入了被动状态，任由寂静、沙沙声和轻轻的咳嗽声围绕着我。我的意识逐渐从思考如何倾听转向了真正的倾听。身为设计师，我认为这是令人放松下来的时刻——当尝试倾听的所有困难都烟消云散时，我会真正沉浸在倾听中。

我是如此专注地倾听，以至于在一个小时的会议进行了40分钟后，终于有人开始发言时，我被吓了一跳。我睁开眼睛，看到了一位穿着红色法兰绒衬衫的男人正在讲话，大家都在听。他们倾听的方式与之前倾听自己内心的方式如出一辙。

他坐下后有短暂的安静时间，又有人就同一主题发言，然后是另外一个人。用贵格会内部的语言来说，这就是见证。在场的所有人都是见证人。有时候，这种见证可能很简单，并不需要任何行动。例如，在这次会议上，那位穿红色法兰绒衬衫的人恳请我们为那一周在华盛顿领导反枪支游行的人送去祝福。这是一个很有意义的提议，只需要在场的人点头表示同意即可。然而，从历史上看，某些见证可能具有相当重要的意义。例如，人们见证了在一次会议上通过了一项不积极游说人们成为贵格会成员的决定，这是贵格会成员年复一年努力寻找真理的见证。

后来，我试着将这种倾听练习分为三个不同的部分。首先，练习倾听自己，倾听自己内心深处的声音。最初的 30 分钟左右的静默并不是静默，而是在倾听我们头脑中思想的流淌。其次，当有人站起来发言时，我们在集体倾听他的发言，同时我们也在倾听自己：我听到的与我自己内心听到的有什么关系？再次，按照贵格会的传统，我们被要求倾听第三种声音，即上帝的声音。当你将自己的声音与其他人的声音结合起来时，你就能听到神的指引。这是一种相当复杂的倾听练习，绝无敷衍的“嗯”或“您请继续”。

有趣的是，这种倾听练习与当前心理学对创造性过程的思考不谋而合。对创造力的研究通常分为四个阶段：准备阶段、酝酿阶段、顿悟阶段和验证阶段。酝酿阶段被定义为低认知时刻（我们的头脑尚未被复杂的思维或行为所占据的时刻）。研究表明，重要的新想法、创造性时刻或灵感迸发的时刻更可能在酝酿阶段之后出现，正如我们都有过在洗澡时突然冒出一个绝妙想法的时刻。

这是因为很多重要的事情都发生在这些所谓的低认知时刻。首先，相关的记忆会被激活。当你静坐时，你的大脑正忙于将问题或事件与过去的类似经历、情境或模式进行匹配。我们通常所说的直觉或“相信直觉”实际上是一种复杂的记忆缓存：记忆越多，我们的直觉就越自信。

其次，也许更有趣的是，如果我们无法为某些想法、模式或解决方案找到相关的记忆，我们就会对其产生怀疑。酝酿阶段实际上抑制了不恰当解决方案的激活。我们都曾是“当时看起来是个好主意”而实则不然这种情况的受害者。在酝酿状态下，倾听就是要求我们不要行动。

在这种低认知状态下，我们的大脑所做的最后一项工作是开始放宽对解决方案或想法的自我强加的规则。这样做的意义非常明显。你越是认真对待一个问题，就越有可能为如何解决这个问题制定一套规则。但如果你放弃对解决问题的执念，这些规则就会被渐渐抛到脑后，这实际上就会促使你质疑这套规则是否合适，就像你一直在质疑潜在解决方案是否合适一样。

贵格会教徒在倾听方面的做法实际上是一种强制酝酿。乔治·帕潘德里欧在担任希腊总理时也推行类似的做法。内阁成员在开会时常常争吵不休，气氛尴尬，所以他决定在每次会议开始时，让他们观看 TED 演讲或其他同样时长的内容。当我问他如何选择每次会议前播放的内容时，他回答说：“内容是什么并不重要，重要的是他们要听。”事实上，他是在为强制酝酿创造条件。更广泛地说，那些允许成员在创意过程中休息数小时或数天的团队，往往能看到更多的创意成果。

因此，创造性倾听的第一条、最重要的也可能是最难遵守的规则是，让语言或沉默像淋浴一样冲刷你的全身，或像溪流的声音一样流过你的心田。被动、单纯地将自己释放到对方正在说或未说的一切中。这些强迫酝酿的时刻可以让你发现自己内心深处弥足珍贵的东西。更重要的是，你可能会发现他人身上弥足珍贵的东西。

换位思考，感受对方的视角与感受

人类学家常常会与研究对象长期生活在一起，他们会成为这些群体中的一员，这有助于他们了解这些群体的真实状态，并获得真实且深刻的洞察。我所学习的建筑设计专业通常更重视观察人们在空间中的互动，而不是询问人们对空间的感受。这就是用身体倾听。

这样做的目的是去发现那些我们可能无法从别人的言语中获得的真相。我们在 IDEO 公司经常使用这种参与式倾听方式。我们的工作通常始于在设计环境中进行的一系列面对面访谈。因此，如果我们正在研究消费者的金融行为，我们就会和他们一起研究账单；如果我们在做一个教育项目，我们就会和学生一起上课、做作业。我曾看到豪华酒店员工的日常工作，以及有些人试图在住满患者的医院病房里休养。我最常使用的一个案例发生在采访一位年轻女士的过程中，她是一位大学生，我们受雇于她所在的大学。校方收集的数据显示，学生很少阅读。坦率地说，校方担心需要重新规划整个课程体系。

这位年轻女士邀请我们来到她的公寓。我们直接问她："你喜欢阅读吗？"

"什么？阅读？不，我从来都不喜欢看书。"

看上去，数据是正确的，这里的学生不喜欢阅读。

在即将结束采访时，她带我们参观了她的公寓。我们走进她的卧室，惊讶地发现她的书架不堪重负！《暮光之城》（*Twilight*）系列、《饥饿游戏》（*The Hunger Games*）、《真爱如血》（*The Sookie Stackhouse*）系列……她似乎读过所有关于狼人和吸血鬼谈情说爱的系列小说。

"看起来你读了不少书啊。"我们说。

"这怎么能算读书呢？"她显然有些尴尬，"那只是一些闲书罢了。"

她之前告诉我们她不看书，因为她看那些"闲书"与她认为我们说的看书的意思不同。如果没有参观她的公寓，我们就不会发现她有阅读的习惯，而这也影响了我们之后的工作思路。事实证明，这些书籍的连载是设计令人上瘾、引人入胜的课程模式的绝佳范例。

用身体倾听、身临其境的效果是如此强大，正是因为这去掉了倾听的最重要工具之一，消除了最大的潜在偏见：提问。通常，当我们在实地调研过程中提出问题时，我们会按照自己的设想或者从希望看到的答案入手设计问题。在这种情况下，问题会成为真相的敌人。

提问也可能是不耐烦的表现：你喜欢这样做吗？你会这样做吗？你是这样想的吗？为什么这样想？为什么不喜欢？这些问题不是在挑战演讲者，就是在催促演讲者，而这两种方式都是毫无益处的。史蒂夫·乔布斯（Steve Jobs）常说“不要提问”，其实是说不要去问消费者，因为他们并不知道。当我不得不说“不要问”的时候，更多的是因为与我一起工作的创意团队认为他们已经知道了所提问题的答案。

杰出的医生和社会活动家保罗·法默（Paul Farmer）讲述了另一个伟大的故事，说明了参与式倾听的力量。多年前，他与同事们正在努力消除一场致命的瘟疫，这场瘟疫夺走了海地很多儿童的生命。他们很快发现，这种疾病是由接触和摄入老鼠皮屑引起的。他们认为这背后的根本原因是村落卫生条件差。但保罗在受感染的村落里待了一段时间后发现，大多数家庭都很干净，这是妇女们引以为傲的事情。有一天早上，他看到主妇们煮粥、祖母们挥动柳条扫帚时，他找到了瘟疫的真正原因。村民们并非不爱干净，而是晨扫时直接将灰尘、老鼠皮屑和细菌搅进了他们的早餐里。

用身体倾听需要我们用所有的感官去倾听。这要求我们放慢脚步，理解你和你正在倾听的人的背景。

不要只是观察环境，我们一定要置身其中。看着说话的人，试着去观察和感受他们的感受。是否有身体上的暗示表明，除他们所说的内容之外还有更深层次的东西？要注意说话内容与实际情况之间的差异。

在这些惊人的矛盾中，我们会发现更多的模式和真相。

用故事激活倾听，让理解更深刻

事实上，只要是我们想要听的，我们就会一直听下去。我们总是会挤出时间来听一个好故事，但问题在于大多数人并不擅长讲故事。如果你知道怎样才能讲好故事，你就能帮助他们讲好故事，并让他们享受讲故事这个过程。

我认为大多数人并不是不擅长讲故事，而是他们不知道，讲出好故事有一个秘诀。

想想你认识的那些讲故事讲得特别好的人，他们知道如何讲一个能吸引你、有冲击力的故事，这个故事的长度恰到好处，能让你一直沉浸其中。我的曾祖母就是这样的人。我小时候经常会在她位于印第安纳州南部的农场住上几周，有时甚至更长时间。我一直黏着她，她也很喜欢我。有一天，日落时分，我们坐在木秋千上，她给我讲了下面这个故事。

第二次世界大战期间，她在钢铁厂上夜班。一天早上，她下班回家，走在漫长的尘土飞扬的路上时，太阳刚刚升起。她浑身酸痛，尤其是当她想到还要花好几个小时为农场里的人做饭时，她就更难受了。

突然，她看到地平线上有什么东西。

这时，她举起双手，用大拇指挡住阳光。“慢慢地，”她说，“那个东西从天边向我走来，挡住了初升的太阳。”她一边继续说，一边向我移动双手，挡住了越来越多的太阳。“它越来越近，很快我就看清楚了，那是一个穿着蓝色长袍的身影，正俯视着我，对我微笑，”她继续说，“最后，那个身影离我很近，仍然飘浮在几英尺[①]之外，不再靠近。他笑了——那是耶稣，就在不远处！我的心跟着剧烈地跳动起来。我眨了眨眼睛，又揉了揉眼睛，他就不见了。”她向太阳张开了双手，说：“虽然那天我非常累，但我从未感到如此有力量，如此准备好完成那些琐碎的家务。”

这个故事是我最喜欢的故事。我让她一遍又一遍地讲给我听，直到我能把这个故事背下来。我的曾祖母是一位虔诚的基督徒。她相信她看到了上帝，上帝鼓励她去做该做的事。我是一个不可知论者，尽管我从不认同她的信仰，但我相信那段经历对她意义深远，感动了她，也影响了她未来的行为。这也感动了我。我仿佛亲身经历了她的经历。这个故事如此贴近人性，

---

① 1 英尺 ≈ 30.48 厘米。——译者注

如此真实，以至于尽管它与我的信仰不符，我还是能够接受它。

想想这个故事，它确实有四个成功的要素：它是个人化的、简短的、出人意料的、清晰的。

有些讲故事的人会漫无目的，提供太多细节。与其说他们是讲故事的人，不如说他们是解说员。这时候，作为听众的你可以提供一些帮助。当你请他们讲故事时，请记住故事的简单公式，并给他们一些提示。

当人们似乎很难与你分享他们的想法，也很难用简洁的方式概括他们的想法时，你可以将对话从他们的想法、所做的事情或所相信的事情转向他们的感受。具体来说就是请他们给你讲一个小故事，通过生动地分享他们的经历，向你展示他们所知道的真实情况。所以，下一次当你在听别人说话，却发觉他们难以解释自己的观点时，或者当你发现对话很难、有争议或令人困惑时，不妨暂停一下，问问他们是否愿意给你讲个故事。同时，你可以给他们一些指导，比如请他们讲讲有没有令他们惊讶的瞬间。通常情况下，这就足够了。

如果情况比较复杂或者你希望获得更细致的见解，那么你可以对故事类型提出更多要求。例如，你可以请一位癌症患者讲讲他在化疗时发生的趣事；你可以请一个富有的人讲讲关于他上一次感到贫穷的经历；你可以请一个最近失去至亲的人讲讲关于死亡最让他感到震撼的是什么，如果你觉得自己有勇气，可以请他讲讲，他认为关于死亡最有趣的是什么。

为讲述者提供一个有趣的框架会帮助他们讲出更精彩的故事。帮助别人讲好故事是一种双向受益的行为。它让讲述者获得成就感，也让作为倾听者的你对讲述者及其世界有更深刻、更透彻的了解。

理性评判，在接纳中筛选有价值信息

你想听八卦吗？你想知道一个秘密吗？聊聊我们最喜欢的那类故事吧。我们喜欢打探那些只属于自己的信息。八卦让我们欲罢不能，它滋养我们，刺激我们。作为人类，我们缺乏安全感，渴望知道一些只有自己才知道的事情。

但是，八卦虽然在内容和形式上经常被嗤之以鼻，却是对话的潜在基础。

一项关于亲社会性八卦（prosocial gossip）的研究表明，某些八卦实际上可能对我们有益。这种观点认为，在某些情况下，八卦可以帮助我们找出群体中的潜在威胁者，帮助我们识别不良行为者，从而建立我们认为应该成为一个群体社会规范的基础。

在亚马孙丛林中，我亲眼见证了这一点。我遇到了一位 60 岁的农妇。她是当地一位有名的活动家，帮助她所在的社区制止家庭暴力。她的武器就是八卦。

我们一起坐在她家的杧果树下，我问她是如何做到的。她告诉我，作为秘鲁营养运动的一部分，镇上的母亲们每天早上都会聚在一起，为村里的孩子们分发牛奶。当然，她们也会通过闲聊来打发时间。通过这些对话，她不仅能够确定家庭暴力问题的严重程度，还能找出社区中的头号危险人物——那些最自以为是、最自负和最有大男子主义的男人。

她找到这些男人，与他们一对一地交谈。她没有说“打老婆或女儿是不对的”，因为她知道这不会改变他们的行为；相反，她低声说起村里其他打老婆的男人，称他们“真是个懦夫”或者“真没用”。殴打女人显得很软弱、很懦弱；她故意利用了文化中根深蒂固的自尊、羞耻和恐惧，在某种程度上，她重新设定了这些男人的行为准则，使他们成为反虐待的倡导者。八卦传开了，教训很明显，暴力也平息了。她笑着说这很简单。

那么，在如何成为更好的倾听者方面，这种谈话模式能带给我们什么启示呢？八卦之所以具有如此深远的影响力，就是因为它结合了一部分事实，以及我们作为个人、社区或群体的一员对这些事实的感受。八卦需要听到的人做出判断，并在所听到的内容上叠加是非对错。倾听是为了做出判断，也是为了听到他人的判断。

换句话说，在倾听时接纳自己的感受，对听到的内容做出情感和认知上的反应，这都是可以的。这是人之常情。但当我们越来越善于创造性倾听时，不断反思和审视这些感觉和判断尤为重要。你不是在观察他人的反应，而是在寻找一些信息或者一种能为你提供前进方向的真实感。

在轻松氛围中释放真实想法

现在，我们来看看创造性倾听的原则，即故事、八卦、酝酿和观察，结合在一起，以不同的方式设计对话。

在大多数创意、战略和商业领域中，有一种常见的做法叫作小组访谈。你一定不会陌生，甚至可能参与过。即使是这样，也还是让我简单介绍一下它的基本功能吧。

从根本上说，小组访谈是一种研究方法：你将一群人召集到一个房间里，展示一款产品或一项服务的计划或想法，然后请他们讨论产品或服务的优缺点、他们是否会购买、是否会向他人推荐等。这个房间可以是一个装有单向镜的空会议室，这样研究对象就看不到研究人员了。它可能针对的是特定类型的“消费者”，如 52 ~ 58 岁正在经历更年期的女性或者新手爸爸。

问题是，小组访谈有很大的缺陷。从表面上看，让人们聚在一起讨论他们喜欢或不喜欢的东西似乎是一种很好的学习方式，但实际上，你很难完全相信你学到的东西。花钱让 8 ~ 12 个人坐在一起谈论他们喜欢和不喜欢的东西——这根本不是普通的人类互动的方式。

这意味着你会得到各种错误信息。你在与一些根深蒂固的人性做斗争。

第一，是认同感。作为社会人，我们不太习惯当面告诉别人我们不喜欢某样东西，我们倾向于表现得更礼貌。我们会说

“我挺喜欢它的”“我很可能会买它”，因为我们知道这是你想听到的。

第二，我们害怕评判。我们会情不自禁地希望这群陌生人喜欢我们，所以我们在回答问题时会考虑到这一点。我们会说自己在独处时喜欢听古典音乐，而不是流行歌手贾斯汀·比伯（Justin Bieber）的歌曲。

第三，我们天生过于注重规范，总是试图强调一个群体的共同特征。我们都会谈论自己如何不介意换尿布，或者谈论自己有多讨厌换尿布，这都是基于我们认为这群初为人父者的规范是什么。

不自然的社会结构和社会互动会产生不自然的动力，而当人们试图顺应时，他们会说一些可能不是他们本意的话，反而扮演起某种角色。我们可以整天听这些对话，但仍然无法发现我们需要揭示的真相。然而，客户却仍要求进行小组访谈。我们陷入了这样一种困境：客户需要它们相信我们的研究，但我们却不相信它们是可信的洞察来源。

于是，我们想到了酒。

我们需要打破人们在这种不自然的情况下的拘束感，坦率地说，喝酒是最简单的方法。而且，酒也向参与者传递了一种不同的信号，即这是一个社交场合。

我们不仅加入了酒的元素，还设计了精美的邀请函，告诉人们他们将见到“志同道合”的人，让他们充满期待。我们在社交时间（通常在晚上6点到8点之间）把他们安排到社交场所（酒吧的包厢、餐厅的餐桌等），让他们开始闲聊，这样他们会觉得不那么像陌生人。我们将这种聚会称为宣泄式聚餐，请他们抱怨各种事情，比如他们的储蓄账户、他们经常出差、他们在哥伦比亚被抢劫了多少次，他们可以尽情地宣泄和抱怨。我们不仅消除了他们对评判的偏见，还请他们来评判。

我们的设计师坐在餐桌旁，或者酒吧的卡座和客厅里，喝着酒（也许没有其他参与者喝得多），听着这些参与者情绪的起起落落。

我曾在宣泄式就餐活动中听到过一些令我印象非常深刻的事。有一次，一位母亲在饭桌上讲述了她是如何为孩子攒大学学费的，几乎所有人都立即记了下来，我们也一样。我们听得非常认真，感受到了整个谈话的情感弧线。我们对她们的储蓄习惯的了解帮助我们设计出了美国银行史上最成功的银行产品之一。所有参与者也很高兴，活动结束后，他们经常给我们发来感谢信和电子邮件，感谢我们的邀请。

宣泄式就餐是展开对话的一个例子，创造性倾听的所有要素都发挥了作用。我们要求他们在鸡尾酒会上讲述简短有趣的故事，没有人做笔记。这个活动是在下班之后喝酒，对话更像是八卦，而不是分享对产品或服务的见解。倾听看似八卦和非正式的闲聊，却可以打开洞察力的大门。让对话贯穿我们的生活，在倾听话语的同时观察对话的动态，获得更深刻的见解，而不是证实我们自己的偏见：这更像是比伯，而不是巴赫。

倾听是对话的基石，是联结的前提

我一直认为我的母亲生来就是一位出色的倾听者。她那种用专注影响家人和空间的能力，就像有人生来就是画家或数学家一样，是与生俱来的天赋。但是，当我开始研究创造性倾听时，我发现了一些我早该看到的东西，而这些东西本应在我陪她度过中风后的那段日子时就明白，当时她连最简单的对话都很难跟上。

创造性倾听并不是随随便便就能实现的，而是需要付出很多努力——积极倾听的人就是这样做的，他们只是对需要付出的努力有一些错误的认识。所以，创造性倾听并不是为了突然让倾听变得更容易，而是为了让倾听变得更有成效，而且往往更有趣。

下面是你练习创造性倾听的方法：下次当你听到别人说话时，练习不做评判，仔细听他们说的话。注意听每句话的表面意思。下次，当你和一个你不理解其理念的人坐在一起时，请他们讲一个故事—— 一个能照亮他们生活的故事，一个可能会让你感到惊讶，也可能让他们自己感到惊讶的故事。下次，当你听到一些你不同意或令你不安的事情时，感受你的判断，理解背后的原因和含义。下次，当你和一个生活与你截然不同的人共处时，问问你是否可以走进他们的生活，看看这可能会将你带向何方。

顺便说一句，你不必在每次倾听时都使用所有的创造性倾听工具。

但是，如果我们倾听——投入地、深入地倾听，我们就会从那种习以为常、枯燥乏味的倾听中解脱出来。我们不会只是不耐烦地等待我们已经知道或相信的东西。我们倾听的主要目的不是使发言者获得利益，而是使我们自己获得利益。我们会从别人所说的话或说话的方式中发现可以改变我们、帮助我们解决自己的问题或激发新想法的东西。

我在尝试像我母亲那样倾听的过程中明白了一件事：这样做并不能解决所有问题，但肯定会让一切都变得更有趣。

用视觉化方式捕捉倾听中的关键

在中世纪，早在印刷术出现之前，就已经有了被称为插画的手稿——制作过程复杂，但非常精美的手稿。有些手稿内容涉及宗教，有些则描绘了宫廷生活，其中还穿插着一些被称为插画的小图片。这些插画很重要：当时识字的人很少，插画既可以提高那些不识字的人的兴趣，也可以为那些虽识字但仍然需要帮助的人提供指导和支持。当我在大学研究中世纪的手稿，戴着亚麻手套小心翼翼地翻阅古书时，这些有趣的小插画会让我又惊又喜。

我曾提到“讲一个故事”的想法，现在让我们更认真地思考一下。

将故事想象成那些小巧、简单、令人愉悦的插画，它们能帮助人们更全面地了解你。提供这些启示时刻是你与对话者进行互动和沟通不可或缺的能力。这些时刻能让人们对你有更深入的了解，并最终为共情奠定基础。

善于请别人讲故事对你来说是很重要的，但同样重要的是，你要能讲出最精彩的故事。我喜欢将这类故事称为启示。它们不会按照时间顺序详细叙述事件的每一个瞬间；相反，它们是简洁的并且经过压缩和高度浓缩的叙述，能够描述记忆或经历中最重要的部分。换句话说，它们创作的是一幅能容纳千言万语的图画——它们是被用心讲述的；旨在承载意义、吸引人，甚至通过揭示人类经验的某一层面来启发人。

多年来，我一直与设计师和客户合作，帮助他们使用这种方法来阐释自己的作品、信息、理念和设计原则。我尝试在自己的工作中（甚至在本书中）使用这种方法。当然，我也会尝试在与他人展开对话时使用这种方法。当我把自己最重要的生活经历转换成故事（也就是启示）时，我通常会遵循以下四个原则。

1. 启示应该是简短的。你可能遇到过这样的人，他给你讲了一个故事，这个故事迂回曲折，几乎包含了所有细节。你自己可能也这样做过。有时，我在讲故事时会突然意识到自己已经讲了 15 分钟。我意识到这根本不是一个故事，我只是在叙述我的生活。当你需要发泄或解压时，这没问题，但在对话或构建对话的情境中，故事必须简洁、清晰和易于理解。

这些故事都有一个目的：分享你的经历和你对世界的看法。因此，从你经常讲的故事开始，看看如何将它们编辑成精华版。试着将 15 分钟的“插曲”变成 3 分钟的故事。

2. 启示应该能引起情绪上的共鸣。这一点很重要。启示应能唤起听众的情感，让他们对你的感受产生共鸣。我最喜欢的故事通常都是有趣的故事。我发现，人们往往更容易记住有趣的故事，或者至少愿意多次听一个有趣的故事。

故事可以是悲伤的，传递其中的种种艰辛，也可以充满任何能够帮助听众理解你和你的感受的情绪。一旦你弄清楚自己故事中的情感基调，你就很容易确定故事中的情绪。当你回顾你经常讲的故事，或者你认为对你自己、你的价值观和你的生活特别有启发的故事时，首先要确保它们确实有一个情感内核。如果你无法简单地发现故事中的主要情感，那就深入挖掘。

3. 启示应该始于它结束的地方。在开始讲述故事之前，必须先知道它的结局。我们常常认为，必须叙述事件的整个过程或前因后果才能给听众留下深刻的印象。这相当于听别人一分钟一分钟地讲述他们的一天。这既无趣，也不具有启发性。

故事需要结束，需要在你收获了新观点，而不是当你完成某件事情的时候结束。找到故事中真正具有启发性的部分，并让你的故事在那里结束。

4. 启示应该有一个发人深省的转折点。我们最有可能记住的故事往往是那些在其核心部分有某种惊喜或启示的故事。例如，“这就是为什么没有人想让她买彩票！”或者“哦，我就知道他不应该喝那杯白葡萄酒！”

我们之所以喜欢看《阴阳魔界》(*Twilight Zone*)和《黑镜》(*Black Mirror*)这些电视剧并为之痴迷，是因为我们喜欢惊喜和曲折的情节。上面的这些要素可以帮助你练习寻找转折点。在故事结束之前就停下来；在意识到什么的时候就停下来；在故事中的情绪突然从悲伤转变为滑稽，从滑稽转变为恐怖的时候就停下来。找到你的转折点，让它成为故事的终点。

我讲的关于我曾祖母的故事就包含了这四个元素：(1)它很短，我至今都在讲，只需一分钟即可讲完；(2)它传达了多种情感——疲惫、失落和希望；(3)她知道在哪里结束；(4)她的故事很有冲击力。这就足够了。

在我第一次听到这个故事近45年后的今天，我仍然对这个故事记忆犹新，因为这个故事讲述了我曾祖母的一些事情——她的信仰、她的奉献精神以及她相信自己的工作是特别的。

在可能存在摩擦或缺乏共识的时候，使用启示来帮助人们理解你。在建立情感联系并更深入地了解你的感受时，你可以使用这些启示；在需要解决分歧时，你也可以使用它们。分享这些故事会帮助你顺利完成那些让你畏惧的对话，也会帮助他人更好地理解你。

Making Conversation

Seven Essential Elements of Meaningful Communication

第3章

破解语言陷阱，用共同理解锚定对话方向

当我们学习了新词汇和新概念，并开始在生活中随处看到它们时，世界突然变得如此清晰和生动。语言可以将那些一直存在的东西展现在我们面前，但对那些我们曾经可能忽略的东西，我们现在感到了一种亲密的联系。

米拉·夏尔马（Meara Sharma）

有一次，我在喜马拉雅山与一群精神和文化领袖在一起度过了三天时间，探讨文化机构如何在分裂的社群中发挥建立联系的作用。选择这个地点很有意义，因为你不可能随手打开应用程序 Uber 就直奔喜马拉雅山。要去那么远、那么高的地方，是需要情感和物质投入的。

研讨会的主题是“艺术与同理心”。

大家在对话中不约而同地使用了“同理心”一词，话题在“同理心”和“同情”之间来回切换。起初，并没有人注意到有什么不对。直到第二天会议结束，大家才发现，有些人以一种特殊的方式使用着“同理心”一词，而另一些人则以另一种特殊的方式使用着“同情”一词。我们并不像一开始看起来的那样，交替使用着这两个词。事实上，我们并未达成一致：两组人在讨论两个不同的词语。

当我们最终能更清晰地定义这些术语时，我们就能够发现与会人员在动机和目标上的深刻分歧。看似是语义上的差异，实际上是意识形态上的差异。

在对话的第二天结束时才有这样的发现明显太晚了。在宝贵的最后一天里，我们花了很多时间来尝试重新定义“同理心”一词，以期达成共识。最终，我们未能对这个词形成一个共同、一致的定义，会议在与会人员存在分歧的情况下无果而终。

当我回过头来看我收到的“艺术与同理心”的邀请函时，我意识到“同理心”这个词从未被定义；它的含义是被假定的。遗憾的是，对话常常因为这种不明确而迅速走向失败。

有时，语言之所以让我们失望，是因为我们对其含义没有共同的理解。我们假定每个人对我们正在讨论的词语和概念都有共同的理解，但事实并非如此。有时，我们使用的语言可能是为特定对话设计的，却不适合我们即将进行的下一次对话。

语言是我们表达思想的工具，所以共同的语言不仅影响我们说什么，还影响我们的目标和我们共同建立的理念。我们对话的目的是确保我们使用的词语、所说的语言以及所探讨的概念清晰且让所有人能够理解。

明确术语含义，消除沟通歧义

正如我在喜马拉雅山的经历所表明的那样，语言是微妙的。语言存在不精确之处，即使我们说的是同一种语言。尤其是在那些用心良苦、干劲十足的人之间，我们经常会假设我们有着相同的价值观和目标。这种往好处想的冲动可能会使本应富有成效的对话无疾而终，尤其是当对话基于价值观和个人经验时。我们之间的差异在一开始可能并不明显，这就是为什么这些词语不仅需要解释、翻译，而且经常需要重新定义。

确定意义

确保我们明确所用词语含义的方法之一，就是预先明确我们所用的术语和定义。

如果我们在启程前往喜马拉雅山之前就明确了“同理心”的含义，那么有些人可能就会决定放弃出行，但到达那里的人都知道他们在为什么而努力。

确定意义听起来既迂腐又耗时，但其实不然——它很有说服力，并且往往会推动对话的进行。当你发现自己身处一个围绕某个词语或术语（一个对主题至关重要的术语）展开的对话时，你需要尽早确定其含义。而针对词语和定义的争论往往会揭示更深层次的分歧——不仅仅是关于词语，还有思想。尽快弄清问题是语义上的还是意识形态上的。确定意义能够帮助人们先弄清楚关键词或术语，这对于帮助他们了解自己是否应该参与对话至关重要。我的方法是“定义与共识”。

当某些词语非常重要时，就直接定义你的术语。提出一个定义，并要求人们在对话期间认同这个定义。不妨去找找共有的资源，虽然听起来像一位六年级老师的话，但使用字典不失为一个好方法。分享标准的定义，然后要求在场的人从一开始就认同这个定义。

如果你在设计对话时使用了一些可能会引起混淆、冲突或分歧的词语，那么在进入对话之前，你就要花时间给它们下定义。如果参与者无法达成一致，那么问题就变成了："他们适合参与这样的对话吗？"事先解释关键术语为参与者提供了一个宝贵的工具，以评估他们对对话的承诺。

如果我们在前往喜马拉雅山之前就明确了"同理心"一词的定义，接下来的对话就会有所不同。基于一个简单的定义来源，比如从字典中摘录的定义，分歧将无法被忽视。要求人们事先认同一个定义可能会缩短会议时间，但结果会让每个人都更满意。通过"定义与共识"的方法来确定意义，会让分歧尽早浮现出来，最终促使人们达成共识。

选取含义

另一种方法是不断探索和挖掘隐藏的含义，以及隐藏在场景中和有时不确定的偏见和信念。这个过程就是把我们所说的话背后的隐藏意义带入谈话中。

想想你经常使用的一个词。我最喜欢的一个词是灵感。但我需要更好地解释清楚我说这个词时的意思。

当你说"我需要一些灵感"或者当你听到有人说"给我们来点灵感"的时候，这个词并没有足够的说服力，我们需要更多的背景信息。我们或许会在为时已晚时才发现，我们对"灵感”的理解并不一致：我可能想到的是哈德逊河谷的风景画，而其他人可能想到的是前一天听到的 TED 演讲。这些都是“灵感”的形式，但它们又完全不同。

像这样的词在对话中出现的频率比我们意识到的要高。当说“革命”这个词时，你想到的是法国大革命还是 iPhone 的问世？当听到“创意”这个词时，你头脑中出现的是一位画家在工作室里创作的画面，还是一个团队在会议室里进行头脑风暴的画面？两者都没有错，但它们是不同的，而这种不同非常重要。

这些词具有欺骗性；当我们使用它们时，我们会假设我们都认同道德、灵感或创意的含义，但它们的含义可能大相径庭。不仅如此，这些词背后的含义也很有可能在我们的差异之间建立联系。通过分享我们的个人经历来使这些词变得人性化，可以丰富我们的讨论，促进学习。

比起采用更具策略性的“定义与共识”的方法来确定含义，选取含义是一种更温和、更微妙和更有趣的方法。当你发现某些词经常在对话中出现时，选取其含义的方法可以让你更深入地研究参与者，了解他们的故事，揭示这些词对他们个人的意义。你也可以鼓励人们通过与小组成员分享视频和图片，使词语变得更生动。

使语言视觉化

我并不是让你画画。但展示一项战略——设想实施战略的样子——可以促使人们形成一个共同的愿景。例如，当你想制定一个共同愿景时，要认真对待“愿景”这个词，并将其形象化（比如画一幅图）。如果你在与人对话时经常提到一个词，问问自己，当你听到这个词时，脑海中是否会浮现出一个画面。如果是，那么其他人很可能也是。不妨暂停对话，问一个问题：“当你说灵感的时候，它是什么样子的呢？”

当你要画一幅图来表达某种意思时，你就不得不说得更具体一些。如果有人画了一幅图，我们就更容易理解他们的意思了。

即使你的术语和语言无法立即唤起视觉元素，你也可以考虑增加能唤起视觉元素的语言。视觉化可以将相当复杂且有点神秘的东西变得熟悉起来。

出色的演讲者善于运用视觉语言来简化复杂话题。当然，那些不清楚自己要表达什么意思的人也可能会依靠视觉效果来欲盖弥彰，但这也可以提供一些重要信息，让人们了解可能会给对话带来风险的理解方面的差距。

芝加哥有一家名为 Valhalla 的葡萄酒商店，有一段时间，我经常把人们送到那里，让他们去了解视觉语言的力量。

很多人都对葡萄酒商店望而生畏，而几乎所有人都害怕侍酒师。毕竟，侍酒师掌握着一种非常专业、非常令人畏惧的语言——葡萄酒语言。我们在日常生活中很少使用苹果酸－乳酸、单宁等葡萄酒专业术语。更令人费解的是，对侍酒师来说，“呼吸”“明亮”等看似日常的词汇，也与我们在日常生活中了解的含义完全不同。

好的侍酒师，也就是那些不希望使自己很另类的侍酒师，会努力使用简单的语言来表达自己的感受。好的侍酒师不会说“苹果酸－乳酸”这个词，而是用“黄油味”或“奶油味”来形容葡萄酒的味道。“黄油味”很平易近人。我有一位朋友很擅长翻译葡萄酒语言，她经常用“猫尿”“淋雨的狗”这样的词语来描述葡萄酒的味道。这很有趣（有时也令人作呕），但绝对不令人畏惧。

这种语言直观、形象地暗示了某种东西的味道，这是一个好的开始。但葡萄酒商店 Valhalla 又往前走了一步。店主认为，即使葡萄酒从业者使用的是描述性词汇，这些词汇也会让我们感到困惑和反感。“泥土味”暗示了葡萄酒的味道，但很难说这是不是你会主动寻找的味道（更别说“猫尿味”了）。Valhalla 完全拒绝使用这类语言，而是用大多数消费者似乎更能理解的语言，即名人说过的话，取代了葡萄酒语言。

如果你在这里购物，你可能会发现摆在自己面前的一瓶桃红葡萄酒的酒瓶上有一张手写的卡片，上面可能写着：“这款酒就像小甜甜布兰妮·斯皮尔斯（Britney Spears），轻盈、清新，虽然价格便宜，但是喝起来出奇地有趣。”一瓶红葡萄酒下面可能有一张卡片，上面写着：“这款酒像麦当娜，有力量，是一款波特酒，陈酿。”

这看似荒唐，但用《人物》（*People*）杂志上的语言取代葡萄酒的语言，使逛葡萄酒商店变得轻松愉快，成了一种享受。

无论何时，只要你想选取和确定含义，你就可以使用这种令人回味的视觉语言。

讲述关于词语的故事

“道德”“价值观”“权力”“同理心”这些词语的含义并不是简单明了的。在不同的文化、阶级和语境中，人们对它们的解释各不相同，而且也很难用视觉元素来表达它们。例如，我认为自己很难为“同理心”这个词想出一张图片。

如果你想精确地解释这些词，字典上的定义是不够的。所以，不要求助于定义，而要求助于例子，比如讲个故事。（你是不是已经开始讨厌“讲个故事”了？“讲个故事”是我在本书中要反复提及的一个建议，因为它非常直观和有用。）

通常，当我第一次与一个小组合作并认真开启对话时，我会要求每个人做自我介绍，并分享与术语或概念相关的个人经历。

几年前，我与一群不同背景的人合作，探讨如何为青少年开发一种全新的学习体验。虽然我们可能会凭直觉理解学习的含义，但当你谈论如何开发一种新的学习体验时，“学习”这个词可能会成为一种负担。学习有远超你想象的不同含义，这取决于你是谁，以及你对“学习”这个词的理解是否传统。

在我们的第一次会议上，我要求每个人在自我介绍时讲一个对他们影响最大的关于学习经历的小故事。

不出所料，大家的故事各不相同。

有一个人讲述了她不得不教自己20多岁的孩子如何报税的故事，以及这种经历如何使她真正弄清楚了报税的细微差别，她以为自己非常懂，但事实证明并不是这样。

另一个人讲述了她母亲教她开车的故事，以及在真实街道上开车时的慌乱。事实上，很多人的故事都有相同的主题——学习既不轻松也不愉快，而且会有压力。

从表面上看，每个人的故事都不同，却出现了几个共同的主题。当我们完成自我介绍后，我们对彼此有了更深的了解，也知道了我们的个人经历是如何伴随我们成长的。我们还发展出一系列主题，这些主题让我们对将要讨论的“学习”有了更深入的了解。

确定这些主题比简单定义关键词更有价值。随着对话的深入，这些主题成了试金石。例如，当你们讨论小组可能想在世界上推广一种全新的学习体验时，你们可以回顾这些主题，将对话建立在共同的词汇基础上。当有人提到“学习”时，你可以进一步追问是哪种学习，提到最初小组制定的主题和成员分享的故事。

因此，在对话开始之前，尽量确保你已经确定了棘手术语的定义，这将减少对话过程中可能遇到的阻碍，并帮助人们决定他们是否要参与对话。

从根本上说，我们要做的是建立一个词汇表，收集你在对话中使用的关键术语。

这些术语将是建立共同语言的关键。视觉化会确保每个人心中都有相似的画面。尝试用简短的个人故事帮助我们将抽象的词汇或概念与人联系起来。作为定义语言的方式而出现的视觉元素和故事是对话的丰富背景。

简化表达，让对话更易被理解

寻找简单、清晰、共同的语言只是使对话有条理的第一步。我们还必须警惕那些有意或无意混淆意义和妨碍参与对话的语言。

我经常带领一群训练有素的专家，他们习惯使用那些反映其专业知识和专业复杂性（法律、管理、咨询、医学，甚至我学习的建筑专业）的特殊语言。当我告诫他们要“正常说话”时，起初他们可能都有些震惊，因为用最简单的语言来表达他们的专业知识对他们而言并非易事。

我曾与密苏里州的一家小医院合作，这家医院致力于在患者护理和患者体验方面获得认可。在他们看来，改善患者体验的关键在于缩短等待时间，改善患者的候诊体验。

在医院里，接待区、预检台、门诊走廊……候诊的患者随处可见。当你与患者交谈后会知道，他们似乎对等待很无奈，勉强接受在医院就医是一个复杂、程序化的过程。不过，对大多数人来说，让他们不开心的并不是等待，而是不知道为什么要等待或自己在等待什么的焦虑。这里再次体现了词语的重要性。

对于那些在医院等待治疗的患者来说，问题出在哪里？分诊。

分诊是医疗专业人员对伤病的紧急程度进行分类的过程，是医院工作人员评估你的需求有多紧急以及下一步治疗方案的关键步骤。但是，如果你问急诊室里的患者什么是分诊，那么可能只有一半的人能说清楚。分诊过程不仅是必要的，而且对患者也是好事。但由于大多数人并不熟悉这个术语，因此他们并不清楚为什么有些患者要等上几个小时才能得到治疗，而有些后到的患者却能很快得到治疗。

使用专业术语可能会带来一些问题。一方面，虽然这些专业术语为那些接受过培训和教育、理解其特殊含义并在工作中使用它们的群体创造了归属感和忠诚感，但与此同时，它们也将那些本应受益于这些专业知识的人拒之门外。很多时候，专业术语只适用于少数人。

更别提那些医学缩略词了，比如心电图（EKG）、心肺复苏（CPR）、血压（BP）、艾滋病（AIDS）、多动症（ADHD），等等。缩略词是官僚主义的标志。过度依赖它们的组织会引起成员的排外情绪。说实话，没有人会为分享一个新的缩略词而感到自豪。

所以，让我们停止使用它们吧！它们会让人无法与深谙这种文化和语言的人进行对话。至少要使用这些缩略词的全称，说出它所代表的所有词语，或者更好的方法是找到其他词语。不要懒惰，不要无礼。如果你正在听到一个缩略词，那么你也不要犹豫，请对方拼写出来，你可以说："请提醒我，××代表什么？"在面对一些令人困惑的词语时，这是一个完全合理的要求，无论它们是有意还是无意地具有排他性。

说回密苏里州的这家医院，问题是这样的：医生、护士和医院工作人员需要一种语言和术语，以便在复杂和快速变化的情况下快速且有效地沟通。当医护专业人员与其他医护工作者合作时，或者当律师与其他律师交谈时，他们应该尽可能使用任何有效的语言。但当他们走出这些圈子时，就应该丢掉这些行话了。当你和你所爱的人用一种不适合你的语言进行讨论时，你很难跟上对话的节奏，也很难把握主动权。

在我所提供咨询服务的这家医院，我们通过教医院工作人员何时“正常说话”来减少患者的焦虑和不愉快。“评估”“评价”等词语取代了“分诊”一词。虽然可能没有那么精确，但新术语对患者来说是有意义的。如今，当你走进密苏里州这家医院的急诊室时，你会看到一位分诊护士坐在一块牌子下面，牌子上写着：“从这里开始。”

再来看一个例子，来自我自己的建筑领域。建筑学术语“干预”（intervention）从字面上看可以指代任何东西，比如一张长凳、一个展品、一条走廊和一扇窗户。几乎任何东西都可以被视为建筑干预。好吧，让建筑师们继续使用他们喜欢的“干预”吧，但如果你想让普通人参与进来，为什么不把它叫作长椅、窗户或走廊呢？（我欣慰地得知，最近几年建筑师们已经开始就“干预”一词的使用展开了辩论，他们在怀疑它是不是过于晦涩难懂而无用。）

当你与具有创造性差异的群体（那些来自不同学科、不同背景，以及对所讨论主题有不同程度理解的人）互动时，正常说话是最重要的。你可以决定正常说话，减少使用那些花哨的术语，增加你的说服力和影响力。这才是关键所在。

用简单的语言表达艰深的概念

2009 年，我和 IDEO 公司的同事受聘于秘鲁的一个政治组织联盟，研究国家和地方选举中投票率低的问题。这个问题尤其令人担忧，因为在秘鲁，投票是强制性的。公民如果不去投票，可能会面临罚款，甚至失去公民身份。

我们在首都利马以及很多位于安第斯山脉和亚马孙丛林中的农村社区中度过了一段时间。我们在教室里与教师交谈，在田间地头与农民聊天，在街头巷尾与政治活动家交谈。几乎所有的人都对政治津津乐道。令人惊讶的是，他们中几乎没有人投票。他们一致认为该国的政治话语太过复杂，难以理解，导致他们不知道该如何投票。面对这种不确定性，他们选择完全放弃投票。

政治语言可能晦涩难懂，政策解决方案和投票措施又让人觉得它们把简单的想法变得更加复杂。对与我们交谈过的秘鲁人来说，“复杂”就等于“腐败”。复杂的概念似乎是一种掩盖不良行为，甚至是腐败行为的手段，也是一种回避国家真正问题的手段。只要环顾四周就能发现真正的问题所在。教育质量很差；事实上，几乎任何人都可以在自家车库里开办学校。警察腐败。首都利马的警察热衷于开罚单，而这些罚单只不过是变相的索贿。这些问题对每个人（甚至对我们这些游客）来说都是显而易见的，那为什么政客们要用复杂、晦涩的语言来谈论它们呢？

该项目的解决方案之一是开展一场简单的贴纸活动，贴纸上印有“解决这个问题”的字样。我们的想法是，人们可以通过直接、简单的语言和概念来指出重要的问题。你不需要政策语言或政治分析，你只需要说“解决这个问题”。

我们的客户（寻求用一种简单方式来激发政治对话的非营利组织）确信，秘鲁人绝不会将贴纸活动作为一种表达自我的方式。但是，当我们在安第斯山脉城市库斯科进行试点测试时，贴纸消耗得非常快，我们都担心是不是丢了。然后，我们开始在城市各处发现这些贴纸。学校的大门上和教室里的课桌上都贴着“解决这个问题”的贴纸。警察们以开玩笑的方式把贴纸贴在彼此的背上，或者把它们像保险杠贴纸一样贴在警车后面。

对这些公民来说，用正常语言描述复杂的政治问题不仅容易，而且是一种解放和激励。“解决这个问题”是一个明确的行动请求。事实上，在出了问题的东西上贴上“解决这个问题”的贴纸根本算不上对话，这本身就是一种行动。

当我们在做翻译和简化复杂术语的工作时，我们让人们看到了他们在这个过程中的能动性——承担起加入和塑造对话的责任，并将语言转化为实际行动。

构建简单的结构

你上一次写俳句可能还是在读小学的时候。俳句是一种非常简短的诗歌形式，源于日本传统文学，通常不超过 17 个音节（请注意，并不是单词）。第一行是五个音节，第二行是七个音节，第三行也是五个音节。一首好的俳句必须包含两个对比或互补的想法；将它们“分割”是为了创造一个更生动、更清晰的形象。俳句必须简洁而又自成一体；比起在 Twitter 上发布的内容，俳句更优雅、更丰富、更鼓舞人心。

虽然在传统意义上，俳句通常与自然或精神有关，但其实它随处可见。英国商业杂志《商业真谛》（*Real Business*）曾公开征集俳句，邀请各大企业的 CEO 以俳句的形式描述自己的业务。例如，雷多·科托罗夫（Rado Kotorov）写道：

数据可以是黄金

但如果不用于决策

它的价值不如煤炭

凯洛格商学院（Kellogg School of Management）也曾邀请领导力发展方面的专业人士以俳句的形式讲授他们的商业领导力课程。随后，学院在其在线期刊上发表了这些俳句。例如，莫尔·科恩（Maor Cohen）写道：

公司文化

必须积极塑造

否则它就会野蛮生长

上述两个例子都对商业模式和商业实践进行了清晰而生动的描述。你可以在不了解科托罗夫所属公司的情况下，了解其核心业务。你不需要阅读任何一本关于领导力的书籍，就能学到科恩的领导力课程。

想想你想传递什么信息，以及你是否可以将其转化为俳句。你希望它简单、简短；你希望通过某种形式的比较来阐述你试图传达的内容；你希望有一个基本的独立结构。

不要把你的复杂想法写成一篇推文，那会让人讨厌。

把你复杂的想法写成诗歌。虽然你最多需要五分钟的思考时间，但对你所说的内容进行提炼对你的思考很有帮助，也能使在场的其他人明白。如果你不想阅读本章的其他内容，阅读下面这首俳句就可以了。

言简意赅
结合语境
清晰明了

这些语句并不华丽，却能让人明白。

如果参与对话的每个人都试图在同样的五分钟内就他们正在讨论的内容写一首俳句，那么你就为正在讨论的想法搭建起了一个背景。这项工作既简化了你的思维，又使你的思维结构化，向听众传达了更丰富、更能引起共鸣的内容。汲取俳句的精髓，考虑用它来阐明你的观点。

你可以在任何时候使用这种方法，以明确你正在谈论的内容。用简化的形式重述关键概念，并在你使用的格式上发挥创意。你可以尝试使用一种死板的结构，但这有无尽的可能性！你可以尝试用两个词来描述，或者用图表，甚至用漫画来描述。

赋予事物恰当名称，传递核心意图

给孩子起名有很多种方法。对有些人来说，选择一个名字来纪念家庭成员很重要；对于其他人来说，选择一个反映文化传统和价值观的名字至关重要。还有一些人则追求新颖和重组，创造出全新的名字。所有这些都是为了寄予新的生命以期望。

我们为自己的孩子、汽车和游艇命名，那为什么不以同样的方式对待我们的新项目、新产品或者新部门呢？

我是在做建筑师的时候开始认真思考命名规则的。有一次，我们在为斯坦福大学设计新教室模型时发现，学生在离开教室时有一种常见但有趣的行为。我们注意到，无论课堂对话是如何进行的（无论是讲座式的还是苏格拉底式的），当师生走出教室时，他们之间的互动总是充满活力的。那些 90 分钟内一直保持沉默的学生在背着书包、走出教室门的瞬间会突然向教授提出尖锐的问题。

我们决定为这些对话创造一个空间——就在教室外面。因为这个空间占用了教室本身的空间，所以为了证明这个空间是合理的，我们必须解释清楚这个空间可以开展什么活动。最后，我们将这个空间称为前廊。很快，我们的客户、斯坦福大学和其他主要利益相关者都开始使用这个术语。

当时，我认为这个名字的主要作用是了解人们是否认可这个想法。事实也确实如此。然而，随着时间的推移，我意识到这个名字在其他层面上也起到了作用：它描述了这个空间；它为一个想法增添了视觉元素；它描述了斯坦福大学鼓励在这里进行的对话；它确定了一种意图。

从那时起，我开始对起名这件事充满热情。

名字应该描述事物的作用和意义，还应描述事物的感觉或可能的感觉，甚至可以描述你在与这些事物互动时应如何行动。最重要的是，名字阐明了意图。

我鼓励设计师为他们的设计命名；鼓励组织为其引以为傲的项目命名；鼓励企业思考如何通过名字与客户建立共同语言，以及为对话命名如何影响对话进展。

我经常要求个人为他们重要的目标或结果命名，但作为一个集体开展这项工作可能会更有意义。作为一个集体，共同为某物命名不仅能阐明观点，还能建立承诺和联系，这两者对于变革性对话至关重要。

你甚至可以为对话命名。为对话命名可以告诉人们这是哪种类型的对话。

有一次，我将一系列会议命名为商业思维解剖，可是当我意识到这是一个多么糟糕的名字时，会议已经进行了一半。这些聚会和对话总是沉闷且严肃。这并不令人意外，因为法医可能要对尸体等进行分析。解剖有特定的目的。

当我意识到可能是这个名字为探讨定下了消极的基调时，

我把对话的名字从“商业思维解剖”改成了“商业思维锻炼”。下一次会议的基调就发生了变化——从消极转为积极，从以问题为中心转为以解决方案为中心。不同的主题呈现出完全不同的对话。

现在回想起来，这两个名字都很有价值。对话的“解剖”部分虽然沉闷，但确实表明在诊断问题所在方面还有很多工作要做。将名字改为“锻炼”恰逢其时，标志着方向性的转变。现在是做出决定、养成新习惯和采取行动的时候了。虽然重新命名对话并非有意为之，但这两个名字既表明了不同阶段的活动内容，也表明了相应阶段的情绪。名字改变了结果。

这个为对话命名的例子诠释了我在“清晰”方面的观点。虽然“商业思维锻炼”是一个名称，但它实际上表达了一个概念。使用简单易懂的术语会准确地告诉你对话将努力达成的目标，同时有助于设定对话的基调。有趣的是，“商业思维解剖”只是几个人的事情，而“商业思维锻炼”却被整个组织所接受，它描述了一个每个人都觉得自己可以参与其中的概念。

设定搜索词

建立一种共同语言可以开始定义你在寻找什么。设定搜索词能够勾勒出未来的愿景，可以帮助团队在不确定的探索中找到方向。我们专注于与我们相关的东西，看到我们想看到的东西。

大约 15 年前，我接到了丽思卡尔顿酒店一位高管的电话。他们想要开发一种新的服务，并在他们整个酒店系统内部推广。具体来说，他们想要一种全新的服务体验—— 一种客人能感受到，但不一定能用手指触摸到的服务体验。在同一时期，其他酒店正在为自己的睡眠体验打造品牌，或者邀请名厨来经营餐厅。喜达屋（Starwood）的“天堂之床”当时席卷了整个行业（这是一个很好的例子，证明了一个好名字的力量）。在人人都在关注差异化竞争的时刻，丽思卡尔顿酒店希望自己的服务体验是实实在在又别具一格的，以至于无法被复制。

如果他们没有给这种并不存在的服务模式命名，那么一切都无从谈起。

高管们将这项服务计划称为场景设计，尽管他们并不知道这个词的含义。场景设计通常是指戏剧中的舞台布置，但在当时那种情景下，他们不希望有任何舞台效果和任何剧本，当然也不希望名字太过直白。这个名字如此引人注目，是因为它既暗示了解决方案的潜力和一种愿景，还暗示了我们正在寻找的事物的特征，即使不是最终形式。

当我们开始探索场景设计的内涵时，我们发现它无处不在。家具和物品的巧妙组合、合适的背景音乐、房间里所有蜡烛被点燃的那一刻……都让我们感受到了场景设计的含义。

我们建立了这套体系，并将其命名为场景设计。公司上下都很喜欢这个体系，很快，到处都在讨论场景设计。从总经理到清洁工，丽思卡尔顿酒店的员工都了解了场景设计，并希望有机会参与其中。时至今日，当你走进一家丽思卡尔顿酒店，并要求看看他们的场景设计时，员工们的脸上都会露出笑容，他们会很高兴地带领你参观每个被精心打造的角落。

这些高管在为自己的目标命名时，对词语有精确的把握。他们本可以将这个项目称为丽思卡尔顿服务标准（Ritz-Carlton Service Standards），甚至使用缩写词 RCSS，毕竟这就是场景设计。但他们没有这样做，还是称其为场景设计，因为这不仅意味着标准，听起来还很有创意、很鼓舞人心，并且很有趣。重要的是，一旦你听到这个词，你就会不由自主地去寻找它。场景设计之所以具有黏性，不仅因为它暗示了要做的工作，还因为它激发了一种观察方式。它告诉我们应该关注、寻找和探索什么。

对话中正确使用词语也可以起到这样的效果。

我曾经与一群人一起苦苦思索如何为面临财政崩溃的社区提出解决方案。我们都有些迷茫，直到诺贝尔和平奖得主穆罕默德·尤努斯（Muhammad Yunus）提出了富有同情心的商业的理念。实际上，他从未给这个术语下过定义，而是这个术语自己给自己下了定义。

在对话中，我们一直在市场驱动的解决方案和更传统的慈善解决方案之间来回切换。而“富有同情心的商业”的概念则将这种探索结合在了一起。当你把“同情心”和“商业”这两个词放在一起时，你就会发现它们指向了一个全新的理念和体系，值得我们去探索。没有什么是纯粹由市场驱动的，但慈善可以用来启动企业和经济。

“富于同情心的商业”这一理念推动着我们前进，它之所以能做到这一点，是因为它为我们的意图、为我们一直在追寻的东西赋予了一个名字，它成了我们搜索的关键词。即使没有切实可行的解决方案，它也为我们的研究提供了参考。一旦我们开始使用它，我们就开始看到它，并开始思考如何将这个概念变为现实。它设定了我们的意图。

当你为某物命名时，你是在建立一个叙事体系。一个名字可以开启一个故事。从根本上说，人们一起为某物命名是一种乐观的行为。为某物命名意味着人们相信它应该存在于这个世界。从你想要的结果中找到适合的名字，确保它不仅仅是描述某物是什么，还描述你对它的期望。关注这个名字，并观察人们是否接受和使用它，因为这将成为判断人们是否接受并认可其所代表理念的指标。

切勿掩饰意图

清晰是对话的基础，而我们使用的词语对这种清晰至关重要。但有时，过度追求一个词语或术语的定义可能会让对话彻底陷入僵局。词语很重要，但其重要性还不足以让我们为之花费几个小时甚至几天的时间。

希望你现在已经认识到了字斟句酌的好处和风险。我们来举个例子。2008 年，联合国宣布自 2009 年起，每年 6 月 8 日为“世界海洋日”。正如一位海洋学家和我解释的那样，这个宣言已经酝酿了很长一段时间。事实上，海洋科学界早在 1995 年就提出了设立全球海洋健康日的要求。时隔多年后，联合国才准备好宣布这一纪念日。

但问题是，在过去的近 20 年里，海洋素养运动（由一群致力于帮助我们了解世界海洋当前复杂状况的科学家发起）已经改变了它们的措辞。它们不再使用 Oceans 这个词，而是用 Ocean 来表达世界水资源系统的相互关联性。这一小小的转变产生了很大的影响，普通人开始关心他们当地对全球海洋问题的影响，而这种转变需要多年时间才能在围绕海洋健康的对话中普及开来。

当海洋学家们收到联合国的通知，终于要宣布设立“世界海洋日”的时候，他们想了一会儿，试图纠正措辞，却又立即改变了主意，决定顺其自然。用那位海洋学家的话说，他们“不想为一个词而浪费一天的时间”。

然而，我见过很多人为了一个词浪费了不止一天的时间，他们陷入了无休止的术语讨论中，偏离了原来的方向。

所以，不要被冲昏头脑。努力做到简洁明了，尽可能将复杂的术语转化成简单的词汇，给重要的事物起个好名字，不要害怕尝试不同的语言，看看它是否能给你带来全新的视角。词语很重要，但不足以破坏积极的成果或阻碍创建强大的社区。仔细思考，用心体会，但不要对使用词语过于苛刻，以免本末倒置。

对话需要具有创造性的解决方案，但正如本章所示，过于巧妙地使用语言并无必要。因此，我经常建议团队不要纠结于寻找完美的词语或表达方式，而是要努力用最简单的语言来表达他们想要的结果。文胜质则史。一旦你们对常用术语和语言有了清晰的理解，就可以使用我在这里概述的方法来确定你们要实现的目标。

还要记住，我们在这里介绍的方法可以在整个对话过程中使用。每当你感觉对话偏离了方向，你就应该审视一下是不是语言本身出了问题。暂停对话，共同提炼和定义术语，停下来尝试简化表达，或者花几分钟时间明确想法和目标，这都有助于参与者重新围绕同一主题调整参与对话的方式。

这就是化解创造性紧张关系并促成对话的方式。更重要的是，这也是让对话成为持久变革和进步的动力。

识别潜在规则，引导对话走向

在电影、电视和戏剧领域，剧本不仅决定了台词，还描述了角色和情节。同样，在日常生活中，你可能会遇到这样的人，如政客、公司领导等，他们说话时似乎在照本宣科，偶尔也会脱稿，说一些即兴或出人意料的内容。

剧本还会出现在其他地方或其他空间中。它们可能没有被写下来，甚至可能不是以文字形式出现的，却仍然能指引我们如何行动，以及我们期待从他人那里得到什么信息。以下是三个最常见却容易被忽视的剧本场景。

1. 空间。很多空间都隐藏着“剧本”，这些“剧本”暗示着其中应该发生什么样的对话，每个人应该扮演什么样的角色。这种设置有时候是有目的的，你应该想想目的是什么。法庭是一个极端的例子：它是专为特定对话设立的——法庭的每个细节都有象征意义和与之相关的特定角色。法官高高的席位象征着权威；紧邻法官、面向全场的证人席既受到权力的保护，又受到所有人的关注；陪审员席通常侧对全场，使他们既是见证者又是观众。整个空间是为了支撑“审判”这出戏而设立的。

脚本化空间通常不像法庭那样正式。例如，客厅的设计与办公室和会议室的设计截然不同。

作为一名建筑师，我非常关注空间中的剧本：住宅、办公室或正式会议场所的设计如何促进（或妨碍）有目的的对话。我们都本能地响应着这些空间剧本的提示——应该坐在哪里，应该如何自处，是躺着好还是坐着好。因此，在这种情况下，精心设计的空间就成了促进创意对话的另一种工具。当然，错误或欠考量的空间布局会使对话变得艰难而低效。

2. 规则。另一种隐蔽却无处不在的“剧本”是规则，无论是明示的，还是约定俗成的。规则可以是有目的的，通常被嵌入对话中，作为引导对话、规范输入和获得期望结果的一种方式。有时，规则可能是预先存在的，而且相当正式。最著名的例子可能就是《罗伯特议事规则》（*Robert's Rules of Order*）了，尽管它是在约 200 年前制定的，却仍被广泛用于董事会会议，尽管它仍在不断修订。有些规则是临时约定的对话规则，它们更多是为了确定对话的基调，并在对话中提供一种安全感。

在上述两个例子中，规则都是被明确制定和陈述的，但更值得关注的是那些约定俗成的潜规则。例如，在治疗过程中，也许会有关于对话方式的不成文规定。例如，医生提出一些非常私人和深入的问题是恰当的，也在患者的接受范围内，而患者提出同样类型的问题则是不合适的。关键在于觉察那些不清楚由谁或出于什么原因制定，却可能会支配对话的规则。有意思的是，随着时间的推移，我们往往会忘记为什么要制定这些规则，所以你可能会发现自己被毫无意义的规则所束缚。

我在 IDEO 公司就看到过这种情况，我们经常觉得头脑风暴的规则已经渗透到了所有的对话中，而这些规则往往会妨碍必要的深入讨论。

不妨留意对话中那些或显或隐的规则，这些规则无处不在。正如我们稍后将看到的，规则就是约束，因此它是塑造对话最有力的工具之一。

3. 文本。有时，对话“剧本”的出现方式与戏剧或电视节目幕后“剧本”的出现方式十分相似——完全是文字。随便翻开一本奥普拉读书俱乐部（Oprah’s Book Club）推荐的书籍，或者任何一本学校指定读物，你都会在结尾处找到“讨论指南”，或是一系列用来引导读者就书中的主题和话题进行对话的问题。读书俱乐部和电影俱乐部的本质就是以文本为基础展开集体对话。我们将在第 6 章中重点讨论这种模式。

有一些神圣的文本也扮演着类似的角色，它们有时作为更广泛对话的背景，有时作为对话的框架。想想逾越节的《哈加达》（*Haggadah*）①，它实际上是一份在用餐时诵读的对话脚本，中间会暂停以进行对话。这些脚本具有重复性和仪式性，它们不仅为对话提供素材，还赋予对话特定的节奏和结构。

剧本本身没有好坏之分，但我们可以有目的地利用它们，把它们当作一种工具，使对话更有仪式感，让参与者感觉更好，或推动对话顺利进行。从这方面看，脚本是一种非常有用的工具。从本章开始，我们会在后面的每一章探讨不同形式的脚本：“语境”与空间规则有关；“约束”将仔细研究规则；而“改变”则聚焦文本（无论是神圣的还是普通的）如何构建宣泄性对话。

虽然我们将在后面章节中对“剧本”进行更全面的介绍，

---

① 《哈加达》（*Haggadah*）由犹太教讲解《圣经 · 旧约》中的各种传奇、逸事、历史、民俗故事和叙述性的布道两部分组成。——译者注

但重要的是，我们现在就开始培养剧本意识。在对话的过程中，你可以尝试发现脚本，看看它们是如何发挥作用的，看看参与者是否意识到它们的存在。不妨在你记录对话的本子上记录下这些发现。有时，仅仅指出脚本的存在就有可能彻底改变一场对话。

Making Conversation

Seven Essential Elements of Meaningful Communication

第 4 章

重塑空间场景，让环境成为对话的隐形助力

一个地方——无论是一个房间、一栋建筑或一座城镇——蕴含的生活模式越丰富，它作为一个整体就越能展现出旺盛的生命力和自我维持的能力。这是一种无以名状的品质。

克里斯托弗·亚历山大

建筑师，系统理论家

在旧金山的一个空仓库里，30 多人聚集在一个白色泡沫搭建的模型里。这群人包括世界上最大的连锁酒店之一的高管和业主、他们的一些贵宾客户以及设计师团队。这个等比例还原的大堂模型由白色泡沫板制成，这种材料既便宜又容易制作，设计团队可以根据反馈意见即刻调整空间布局，移动或移除空间中的一些东西。如果前台的设计不便于客人与酒店员工轻松对话，就可以改变它；如果早餐用餐区稍显局促，就可以扩大一些。空间可以根据其中发生的对话而不断改变。

自从我加入 IDEO 公司以来，搭建这种等比例的建筑模型一直是我的梦想。长期以来，我一直苦恼于如何向客户解释专业的建筑术语（正如我们上文讨论的那样），更不用说解释平面图纸和桌面模型了。所以，我借鉴了 IDEO 公司产品设计的原型文化，通过搭建等比例空间原型，让人们身临其境，直接感受空间氛围。

多年来，我们成了使用这种原型设计的专家。我们曾与护士和医生共同设计和建造了医院的走廊和房间，打造出既兼顾隐私性、私密性，又能提升医疗服务效率的空间。我们曾在秘鲁的一家银行工作了好几天，通过不断调整空间布局，在缩短客户等候时间的同时增加了空间的社交属性。有一次，我们在设计未来工作场所的隔间时意识到，我们只在开放式办公室工作过，于是我们在 IDEO 公司旧金山办公室的中央建造了一个隔间农场。整个团队搬进了相邻的隔间办公，时刻观察这种布局对我们的互动、对话和合作产生的影响。结果发现，在这种环境下工作改善了团队关系，从很多方面来看，这种改变是好的。

这是关于语境的探索。

正如我们将在本章中探讨的那样，语境是由我们所处的空间、空间中的事物以及我们在空间中选择的位置组成的。将语境视为背景就大错特错了。对话的语境可能会影响对话的进程、氛围和结果，甚至可以决定我们应该进行什么样的对话。到目前为止，我们所探讨的一些方法，如倾听、明确语言、建立原则等，本质上都是对话的“剧本”。而语境、空间和空间中的事物则是承载剧本的“舞台”。

有时候，空间也可以作为一种提示。例如，第一次约会的人可以隔着桌子面对面坐，而不是并排坐。有时，房间里有一个“剧本”，只有特定对话才能在房间里进行（如法庭）。

房间的布局会影响对话的效果。有些空间能够激发创造力，促进合作；有些空间则可能引发灾难性的对话，或者正如我稍后会解释的那样，甚至会勾起人们对曾在这个空间中发生的创伤性经历的记忆（你可以回想一下高中食堂的场景）。

不过，通过深思熟虑，我们可以选择一个适合我们目的的语境，并对我们的对话进行创造性掌控。同样，在本章中，我们会研究如何通过调整位置或改变空间中的布置，来提供引导对话方向的线索。掌控或重新掌控空间和位置能够重置我们在其中进行的对话。

依据对话目的选择适配空间

我是在纽约州北部一个湖畔的木制码头上向我丈夫求婚的。人们非常重视求婚的地点，甚至还有人会聘请顾问，他们会帮助你寻找完美的求婚地点并布置现场，确保达到最佳效果。

即使不花钱请人出谋划策，也没有人会随机选择求婚地点。求婚是一场期待特定结果的对话，会给人留下终生难忘的记忆，而场景也将成为记忆的一部分。并不是所有情况都如此依赖地点，但精心选择总能带来好处。

最近，我的一对朋友做出了一项重大决定，他们带着处于青春期的儿子和即将步入青春期的三胞胎女儿迁往阿布扎比，在那里的纽约大学校区任教。学校为他们提供了一套现代化公寓，厨房里有一个宽敞的早餐吧台。出于便利，他们的晚餐变成了工厂流水线的模式：四个孩子坐成一排，父母站着做饭、上菜和吃饭。

一天，我们围着一张小圆桌吃午饭。他们发现讨论是这么无拘无束，进行一次对话是这么轻松。他们认为圆桌让我们能轻松开展一场对话。吃完饭后，他们当即决定把晚餐从厨房吧台转移到餐厅的圆桌上。

不久之后，我在一次聚会上又见到了他们，问他们的实验进行得如何，他们露出了沮丧的表情。他们解释说，回家的途中他们就有了更换餐桌的想法，甚至还挑选了一张圆桌，但回到公寓后，他们才意识到这样做不太现实，因为餐厅是一个狭长的长方形，根本放不下一张圆桌。

接下来，我们将着重探讨在有目的地选择空间时需要关注的三个关键要素：文化联想、个人联想和“原型”效应。

文化联想与标志性空间

我经常会在晚宴上请大家描述某种对话，比如描述一次董事会会议。90% 的情况下，我得到的根本不是关于对话内容的描述，而是关于对话发生的场景的描述。谈到董事会会议，人们很可能会描述红木长桌、皮椅和西装革履的人端坐在桌前。

举一个戒酒互助会的例子，你会听到关于会议场景的描述：地下室、折叠椅，也许还有放着零食的折叠桌。我们对什么样的对话发生在什么样的空间里有着非常自然的联想；反之亦然，即当我们看到某个空间时，往往就会想象可能在那里发生的对话。

回想一下我们在上文中提到的约翰·杜威学院。那座城堡校园对正在进行的对话发挥着重要作用。首先，它有一个非常特殊的文化关联：几乎所有与我接触过的家长和学生都提到了《哈利·波特》中的霍格沃茨。很多家庭中的孩子都是读着这套书长大的。其他学校可能会让人觉得冷漠和体制化，而杜威学院不仅温暖且神秘，甚至还带着魔幻色彩。

校长安德莉亚·莱恩对我说："很明显，我们这一代的学生中有很多人都有这样的文化背景。我的意思是，这可以是城堡里的任何一所寄宿学校，但他们就是会联想到霍格沃茨。而我们又如此专注于个人品格的培养，这真是一个很酷、很神奇的巧合。有一位新生很特别，因为从她入学的第一天开始，她就一直说'我喜欢这里'。她在这里感到非常兴奋，她会说'这里太酷了。我可以住在一座城堡里了'。"

场景的影响无处不在，甚至改变了学生们使用的语言。在那里，年级不再用数字或者"新生和高年级"来区分，而是用"城堡居民"和"守门人"来区分。"城堡居民"是指在了解学校的生活方式、个人需求方面需要更多持续指导的低年级学生；而"守门人"则是指更高年级、更自立、更能独立生活以及即将走出校园、融入社会的人。

重点是，场景影响一切，值得你慎重考虑。

个人联想或"记忆"空间

在我曾祖母的后院里，有一个足够两个人玩的秋千。农舍的前廊里也曾有一个这样的秋千。初夏傍晚，我常常坐在秋千上听她讲故事。在她去世多年后，我仍然常常坐在秋千上，回想起我们在那里的对话，心中充满了温暖和思念。

记忆联想是我们在记忆信息时使用的一个概念。我们会把一个事实与关键词或首字母缩略词联系起来。当我还是个孩子的时候，我的朋友亚瑟教我如何吃——或者更确切地说，如何不吃——洋蓟，他解释说不能整片吃叶子："记住，如果我吃了叶子，我就会噎着。"长大后，一看到洋蓟，我就会想到亚瑟。

记忆联想是真实存在的，它往往与我们所处的空间密切相关。有关记忆的研究显示，空间要素在记忆形成过程中扮演着关键角色。当创伤或快乐事件的记忆形成时，大脑往往会根据我们所处空间的细节来形成记忆。之后，空间会触发记忆的恢复。这就是为什么我们经常会问"双子塔倒塌时，你在哪里"，而人们几乎总是记得。对这类重大事件的记忆，很大程度上是建立在事件发生时你对所处环境的观察之上的。

所以，当我提到"鬼屋"时，我说的并不是幽灵和吱吱作响的门，而是我们个人的联想或记忆联想所带来的真实困扰。萦绕在我曾祖母的秋千上的不是她的灵魂，而是我对她的回忆。在这种情况下，这种联想是美好的。稍后，我将谈到一个银行改造项目。我们在这个项目中意识到，对多数人来说，厨房餐桌具有积极的文化联想，与我们交谈过的人都有一些积极的记忆性联想。所以在这个特殊案例中，我们实际上获得了双重好处：良好的文化联想和积极的记忆联想。

然而，无论文化联想有多好，它们都可能被消极的个人联想彻底毁掉。

让我再来讲一个关于餐桌的故事。最近，我遇到了一个因女儿饮食失调而长期矛盾重重的家庭。一家人争执不断，而且他们经常一边用餐，一边争吵。随着女儿渐渐长大，一家人逐渐解决了彼此间的问题，恢复了和睦的家庭关系，但每当他们围坐在餐桌旁时，就又会发生争吵。那张餐桌好像被之前发生在那里的痛苦对话“附体”。这严重影响了家庭氛围，以至于母亲一度购置了新餐桌，但最终他们放弃了在餐厅用餐的习惯。

“原型”效应：空间中的深层记忆编码

当我还是一名年轻建筑师的时候，我最喜欢的一本书是克里斯托弗·亚历山大写的《建筑模式语言》(*A Pattern Language*)。这位对我影响很大的大师在书中记录了历史上大约 250 种不同的空间模式，从适合夫妻的住宅到啤酒馆，不一而足。我最喜欢的是凹式座位。壁炉角就是一个例子：一个封闭的小空间，可以容纳两到四个人就座，通常围绕着壁炉而建。你可能从未听说过壁炉角，也从未进入过壁炉角，但应该很容易想象在那里发生的亲密、温暖和令人舒适的对话。

亚历山大认为，这些模式已经在我们的建筑中存在了数千年，也许自人类开始建造居所起就已存在。我们对这些模式如此熟悉和记忆深刻，以至于当我们进入一个特定空间时，我们自然而然地知道该如何表现、生活和行动。事实上，越来越多的证据表明，这些“空间基因”会触发我们的大脑以不同的方式处理事情。无论是数千年的文化关联，还是大脑的神秘机制，某些空间就是能让我们以截然不同的方式思考、行动和对话。

以楼梯为例。公寓楼的楼梯间一直是邻居寒暄或派对私语的场所；而城市广场、大型博物馆外、罗马的西班牙台阶上等大型阶梯，则天然适合人们聚集在一起。

在“阶梯即舞台”的模式中，亚历山大建议将阶梯视为一个空间。如果你要设计室外阶梯，那么你将其视为一个庭院，并使其足够宽敞，以鼓励人们坐下和聚集在一起。研究表明，即使只是站在三个台阶上对话，也会让我们感觉更“高大上”。阶梯似乎内置着一种心理触发机制。

当 IDEO 公司的团队为位于纽约的新学院（The New School）的大学中心（在各大学之间建立联系的机构）进行初期设计时，整座建筑就是围绕着阶梯建造的。宽敞的阶梯可以让一大群人聚在一起；转角处的小角落适合小范围的交流；宽敞的中央阶梯可以举行数百人参加的大型演讲，或者作为朋友一起吃午餐的场所。

尽管坐在阶梯上感觉很随意，但它也会给空间带来宏伟和庄重的感觉。环境既可以是戏剧性和令人敬畏的，也可以是让人感到亲切和随意的，从而形成一种积极而富有创造性的张力。

坐在阶梯上，既能拉近人际距离，又能开阔视野，让心灵自由驰骋。此外，阶梯还是一个发生转变的地方，它们能激发主动性和灵活性。

阶梯上的对话可以很随意，可以随时转换话题，甚至能够吸引一两位路人，将对话完全引向新的方向。

大学中心的大楼启用多年后，阶梯上仍然挤满了交谈的人。阶梯不是我发明的，但我确实有意选择以阶梯作为构建这栋建筑的核心元素。你不必成为一名建筑师，也可以学会有目的地选择空间和空间脚本，以支持你想要实现的对话。

要做到这一点有一个简单的方法：写下五个描述空间特质的形容词。让我们以亚历山大使用过的一些空间为例，比如啤酒馆、公共阶梯和壁炉角。

我会用“随性的”“热闹的”“充满活力的”“激情的”和“舒适的”这五个形容词来描述啤酒馆；用“宏伟的”“宽敞的”“坚固的”“开放的”“充满活力的”来形容大都会博物馆的阶梯；用“封闭的”“温暖的”“安全的”“私密的”“小巧的”来形容壁炉角。

这五组形容词所描述的空间截然不同，它们也恰好为你提供了可以在这些空间中进行哪些对话的线索。

假设我正在与一位同事进行非正式的交流。我希望进行一次轻松愉快的交流，适当探讨一些问题，但不想让气氛变得太沉重。显然，厨房的餐桌或大阶梯都是理想选择。壁炉角可能过于私密，更适合深入探讨人生目标，而不是简单的交流。这看似简单，却解释了为什么咖啡馆比空闲的会议室更适合交谈，因为咖啡馆里喧闹、充满活力。我们都在寻找属于自己的壁炉角。

想要设计得更精妙吗？来认识一下我的朋友亚历克斯·加拉芬特（Alex Gallafent），他有戏剧和新闻专业背景，是一位无所畏惧的对话设计师。有一次，他受邀为商业领袖、政策制定者和慈善家设计一场讨论，主题是美国的低收入工作。他花了很多心思研究这个话题，也非常重视举行这次聚会的空间。会议地点最终确定为一个经过改造的修道院，里面有一个会议中心。虽然这个空间具有现代特色，但保留了石砌会客厅和带喷泉的开放式庭院等原始空间元素。

亚历克斯选择在主会议室之外进行两场核心对话。我们需要讨论低收入群体的诉求以及妨碍诉求实现的障碍，他选择在会客厅进行这部分讨论。

会客厅阴暗、封闭、狭小、阴冷、简朴，有点像低配版的壁炉角。

15 个人挤在这个狭小幽暗的空间中，讨论也变得沉重：美国的政治和经济制度似乎对底层极为不利，似乎是为了剥削和停滞而设计的。我们的谈话结束时，所有人都在想：“这些人还敢有梦想吗？”

我们走出房间，走进庭院，那里阳光明媚、绿树成荫、开放而安静。

人们松了口气，感到一种解脱。他们虽然在沉思，但这个空间已悄然拓展了思维维度。我们开始讨论能为那些人做些什么。当我们回到会议室时，我们对讨论对象深表同情，同时也对我们可能做的事情充满希望。

这部分谈话刻意营造了从压抑转向释放的戏剧性转变。第一个空间的限制——它的狭小和幽暗——转化为一种压迫感和绝望感。这正是亚历克斯想要的，即在当前的挑战和未来的可能性之间形成对比。亚历克斯把大家从阴暗的会客厅转移到开阔的庭院，为他想要进行的谈话选择了一个合适的空间。

需要记住的重要一点是：空间有助于引导对话，但它不是主导者。创意对话应该主导空间，而不是被空间本身所主导。

近年来，一些会议组织者会过度追求空间创意：为了帮助与会者获得不同的视角，办公空间的休息区被海洋球池取代，或者将座椅悬挂在离地三米高的地方。这可能是在利用高度差的心理效应，但我认为思考会被肾上腺素飙升和可能坠落的恐惧所掩盖。这些场景虽具象化了一种隐喻（比如趣味性或制高点），却将深度对话降级成插科打诨。

不必标新立异，但一定要深思熟虑。

借助道具调节氛围，助力对话开展

尽管空间会对其中发生的对话产生巨大的影响，但好消息是，有很多方法可以改变空间的特征。通常情况下，这就像布置房间一样简单，即使是一些小的调整也能让你重掌对话的主导权。

家具、科技设备和物品都是有助于推动、改变或影响对话的工具。与空间一样，家具可以改变环境氛围，从而改变对话。家具本身就传递着某种信息，就像在戒酒互助会和董事会，折叠椅或红木桌与教堂地下室或木板装饰的会议室一样，都与界定场景有关。

让我们再回到桌子的话题。2006 年，一家欧洲银行聘请 IDEO 公司研究如何吸引银行客户，并帮助客户与专业理财顾问建立信任关系。这项工作的重点放在东欧地区，因为当地银行体系刚经历崩溃，精明的人们自认深谙如何管理好自己的钱，比如把现金藏在床垫下或只听取亲朋好友的建议。当银行成立新的分行时，他们将理财顾问安排在私人办公室里，坐在气派的办公桌后。然而，客户只是排队兑现支票，无视这些办公室，依旧带着现金扬长而去。

我们首先走进普通人的家中，与他们共度美好时光，讨论他们如何做出财务决策。我们与他们一起坐在厨房的餐桌旁。我们会问他们是如何做出财务决策的，谁给了他们建议；大多数情况下，答案都是亲朋好友给的。当我们问及他们在哪里进行这些对话时，答案正是我们当时坐的地方，即厨房餐桌旁，餐桌上还摆放着伏特加。

团队做了一个简单的场景复制，只是没有伏特加。我们建立了一家新的分行，在原来办公室的地方摆放了一组小“餐桌”，取代了办公室的木桌和玻璃隔断。当银行员工提供理财建议时，他们会把客户带到这些“餐桌”旁，客户也会毫不犹豫地坐下来。这些餐桌唤醒了客户对家庭餐桌的文化联想，让对话变得更加轻松。

从本质上讲，餐桌自带亲密属性：它与家人而非客人、与家庭生活而非娱乐、与非正式而非正式相关，它甚至与新的开始巧妙地联系在一起——我们经常在那里吃早餐而不是晚餐，而我们在早晨最容易产生乐观情绪。知名学者埃利奥特·科斯格罗夫（Elliot Cosgrove）评价以色列前总理戈尔达·梅尔（Golda Meir）“善用厨房外交”。她经常会邀请来访的政要和元首到她的厨房进行重要会谈。

21世纪初，建筑师和室内设计师在规划新一代办公空间的过程中，似乎发现了这种与厨房餐桌有关的文化联想。如今，硅谷办公空间中的餐桌数量可能比当地家庭里的还要多。这种对非正式家庭氛围与舒适对话的文化关联的有意识发现和借鉴，正是这些办公空间所追求的理想状态。

还有一次，我受邀重新设计一次董事会会议。董事会主席希望会议能让人感觉更放松、更私密。而为我提供的空间就是我们开会使用的会议室，这里没有一点让人放松的感觉。

由于时间和资源的限制，因此我只能对现有空间进行简单的重新布置。

我搬走了一张巨大的 U 形桌，换成很多小圆桌。这是我唯一能做的改变，看似应急之举，却暗合圆桌自亚瑟王时代就承载的平等对话基因。

尽管如此，这种改变还是让很多人大吃一惊。当董事们走进会议室时，没有人知道该做什么，这根本不是会议室该有的样子。直到董事会主席走进来，惊呼道："餐厅的座位！"人们才知道这些桌子是为他们准备的。这种个人的记忆联想并不是我本意，但出乎我意料的是（从我在餐厅进行谈话的经验来看），这对我们很有用，效果很好。对话气氛活跃，人们开诚布公，形成了很好的小团体。茶歇时，董事们甚至都不愿意离开他们的座位。我本以为只是一个小小的改变，结果却彻底改变了社交环境。

掌控你的场景如此简单：删减或增加一些内容，严肃的董事会会议就变成了董事们的休闲聚会。

掌控你的语境：删减与增加

还有一些"元素"会影响语境，它们虽然可能比家具更微妙，但不容小觑。我把它们看作道具。戏剧中的道具就是舞台上的物品。舞台很小，布景也不是真实世界的再现，所以如果道具出现在舞台上，它就必须能推动剧情或让人们了解角色的性格。这正是我们希望道具在创意对话中发挥的作用。

我们有目的地将物品（或称道具）放置在对话的语境中，它们应该有两种作用：揭示隐藏的东西或推动对话进程。

移除和做减法

先做减法，清空无关物品。这是掌控对话语境最基本但关键的一步。房间里已经有现成的道具了，只是不是好的那种。

手机就是一个例子。它既不能以一种好方式向大家展现你的情绪，也无益于集体对话。我认为，它顶多会暴露你的无聊，让你沉浸在自己的世界中，但它不是我们要寻找的道具。

坦率地说，大多数科技产品是糟糕的道具。如果房间里有会议设备或免提电话，那么所有人都只会盯着设备，而不是看着彼此。我们仍然不知道如何打开麦克风、静音或者取消静音。有很多重要的对话需要同样重要的参会者爬到桌子底下修复设备故障才能顺利继续下去。

来场彻底的空间断舍离吧！像藤麻理惠（Marie Kondo）[①]整理物品一样对待你的对话——任何无法给对话带来乐趣的东西都要清理出去。

① 藤麻理惠是日本著名的家政整理师和收纳师，被誉为日本的收纳女王。——译者注

环顾一下你开会的空间，问问自己哪些东西对对话没有帮助。可能有很多东西需要清理，但你要真正问问自己，还有什么可能会阻碍你。任何你可以移除的障碍都要移除。小心指尖陀螺和减压玩具。只有在需要时才准备便利贴和笔。

特别要注意那些“对话幽灵”，它们可能招来你不想要的对话方式，比如一个没人会站上去的讲台，以及别人在白板上的涂鸦意味着他们的对话和你的一样重要。

虽然工作场所关于办公桌要保持整洁的政策引起了很多争议，但研究确实表明，工作场所的杂乱无章与情绪疲惫和决策疲劳有关，这显然不是你想在任何创意对话中都会产生的联想。个人的办公桌凌乱尚可接受，但会议空间务必保持整洁。

擦干净白板，它是过去谈话的幽灵；确保没有大量的空座位，因为空座位会让房间显得冷清；收走并清理桌子上的一切，多余的便利贴、咖啡杯，当然还有手机。在家里也是如此：清理餐桌上的杂物，不要与账单和未拆开的信件共进晚餐，而是选择你的晚餐伙伴，即使只有你自己。

这是属于你的对话场景，请让它保持简洁。

增加

在 IDEO 公司一直有一种说法：“永远不要在没有原型的情况下召开会议。”这一源自产品设计的法则告诉我们：一个粗糙的原型比千言万语更能让客户明白。产品原型可以激发并聚焦对话，这就是我在 IDEO 公司建立空间实践时如此推崇空间原型的原因。

原型对于设计对话很有效，引入真实的东西并用作道具，几乎可以推进任何对话。对话中使用的道具应有助于揭示一些可能被隐藏的东西，比如情感。

2016 年美国大选后不久，我们在华盛顿举办了一系列没有主持人的对话。参与者有教育工作者、记者、政府工作人员等各行各业的人。他们有不同的政治立场，这是一个高度敏感的时刻。

可想而知，这些对话有可能令人不安，甚至引起争议。我们需要一种既能让人们表达不同意见，又不会引发激烈冲突的方式。

我们仔细考虑了对话的语境。对话安排在晚餐时间，地点是在一家热闹的餐厅，必须保持一定的正式性。我们选择了圆桌，希望对话是包容的、治愈的，避免争吵。我们考虑了很多场景元素，比如空间、家具和位置等。但我们还需要一些别的东西，一些可以在对话陷入僵局时推动对话进行的东西。我们希望有一种方式，能让人们释放那些难以言说的情绪。

因此，我们增加了一个道具。

恩乔奇·吉塔希（Njoki Gitahi）是一位对优雅和美丽很有心得的设计师。她设计了一个简单的道具，我至今随身携带。

那是一张双面印有图案的卡片，正面是璀璨星辰，背面是暗影黑洞。

卡片放在餐具旁，参与者可以根据讨论的话题举起任何一面，既表达自己的观点，又传递情绪。这张卡片让对话有了活力和参与感，而不会让某种情绪占据主导地位；它是“助推器”，而不是干扰。

我本以为大家会根据我们讨论的内容举起卡片，但我没有想到的是，无论谁在发言，他都会根据桌子周围所表现出的情绪稍做自我调整。在整个讨论过程中，这张卡片具备了一种实时调整情绪的功能。

当有人谈到她的女儿时，每个人都举起了卡片上有璀璨星辰的那一面。

原来，在场的多数人都有女儿。大家开始袒露心声。有些人没有和女儿一起参加“妇女大游行”（Women’s March）①，他们致力于自己的事业，认为这会影响他们的新闻操守；还有一些相对保守的人对堕胎等问题持有不同意见，但还是参加了游行，因为他们觉得游行很有意义，不应该阻拦女儿参加。

尽管参与者之间存在差异，但对话最终还是演变为关于女孩成长的深度探讨：从蹒跚学步到青春期，以及她们可能面临

---

① “妇女大游行”是一个由美国妇女权益团体组织的抗议活动，旨在推动性别平等，维护女性权益。该活动最初起源于 2017 年 1 月 21 日。——译者注

的风险。事实上，很多参与者都对女孩，尤其是他们的女孩深感责任重大。

人们在散场时有了新的共鸣和信念。最简单的举牌动作就揭示了情感交流和对话的路径。

这就是我在设计语境时所希望的。如果没有合适的语境，我们就永远无法发现圆桌旁那群人的共同点，而正是这个发现将他们联系在一起。在对话难以开始或陷入僵局的时候，一个精巧、有启发性的小道具会特别有用。那天晚上，所有人都把那张卡片带回了家，而我的现在就放在我的办公桌上，璀璨星辰那一面正对着我，时时调整我的情绪，让我得以继续前行。

通过位置调整，改变对话气场

位置，即我们如何以及为何安排我们的身体，也是语境的一部分。例如，我们最常见的对话场景之一就是一起坐在车里。事实上，美国计划生育协会（Planned Parenthood Federation of America）建议，乘车时是与孩子谈论性问题的最佳时机。并排坐或前后坐的位置关系既降低了对峙感，又避免了眼神接触的不自然感，会使艰难的对话变得轻松一些，或者至少可以让你掩饰窘迫。

如果你曾经和朋友一起坐过长途汽车，你可能讨论过类似话题。即使你们谈论的并非性话题，但并排坐能够缓解一些潜在的冲突。你无法从正面看到同伴的面部表情，而且驾驶时的轻微分心反而让你在事情变得尴尬时有了一点逃避的机会。倾听变得略带冥想。这也解释了为什么公路电影会成为友情催化剂，《末路狂花》（*Thelma and Louise*）中的塞尔玛和路易斯如果被困在小隔间里，那他们恐怕永远成不了朋友。

有些语境会迫使我们找好自己的位置，比如车厢、公共台阶或圆桌。而有些语境则可以通过简单地改变我们所处的位置来改变。认真对待位置的选择是扭转僵局最好的方法。

我们从小就知道坐的位置和坐姿很重要。坐姿及其意义是我们凭直觉就能理解的，但我们却不太理解背后的意义。我们认为舒服的坐姿往往是由惯例、礼仪或现有的结构和空间决定的。一旦你开始考虑人们在对话中的坐姿，你就会意识到，从社会角度看，我们已经成了餐桌暴政的受害者。

认知科学领域越来越多的研究证实，我们的身体和思维是高度同步的。我们的思维会影响我们的身体感受，我们的身体感受也会影响我们的情绪状态。这种具身认知（身心的相互作用）效应表明，强颜欢笑可能会让我们感到更快乐，或者如前文所述，站在高台阶上可能会让我们感到更有希望。

你的身体姿势可以改变你的思维方式。你的坐姿或站姿对对话的进行有着不可忽略的影响。人们愿意说什么，甚至谈话的结果，都可以通过简单地变换姿势而改变。在选择姿势时，我们可以改变自己的习惯。有目的地选择姿势可能会出人意料，但也可能意外受欢迎。

你想进行的每一次对话都有一个最佳姿势，你只需要找到它。密切关注你身体的感受或某个姿势给你带来的个人记忆性联想。

圆形的秘密力量

“为什么总是圆形？”

我正在和圣丹斯协会（Sundance Institute）的执行董事克丽·帕特南（Keri Putnam）聊天，她刚刚花了一天时间回顾了圣丹斯协会早期的影像资料。她看到了很多圆圈。

圣丹斯协会艺术家实验室所在的土地是罗伯特·雷德福（Robert Redford）在那里拍摄完电影《虎豹小霸王》（*Butch Cassidy and the Sundance Kid*）后买下的。他将这块土地作为电影制作期间的休息地，由于这块土地最初是美国原住民的定居地，因此他将美国原住民的仪式融入了创作活动。

当克丽提出这个问题时，她既指的是这些仪式，也指的是协会的很多工作都是在圆圈里进行的。读剧本是大家围坐成圆圈进行的，评论是围坐成圆圈进行的，开幕式和闭幕式也是在圆形建筑中进行的。

围成圆圈站着或坐着都会感觉有点尴尬——既自然，又有点挑战常规。在一个圆圈里，每个人都是平等的，可以看见彼此；没有桌子的圆圈会召唤参与者用对话填补空白。

心理学家卡尔·荣格（Carl Jung）说，圆形代表了心灵整体的完整性，或者用神话语言来说，这是神性在人身上的体现。圆形与精神力量、宗教和仪式密切相关。世界各地的很多部落文化都是在圆圈中举行聚会或进行精神仪式；女性圈是一种精神疗愈的实践；福音派基督徒使用祈祷圈。“圣丹斯”这个名字来源于太阳舞（一种象征年岁循环的圆形祭礼）。

圆形可能蕴含着精神力量，但今天，人们对这种力量的解释可能更简单：我们生活在一个方形的世界中。我们居住在正方形或长方形建筑中的正方形或长方形房间里，我们坐在长方形桌子旁。当我们围坐或站成一圈时，我们是在反抗这种刻板的空间规则。圆桌会议彻底重置了我们所熟悉的对话结构。

当空间布局不利于交流时，围坐成圆圈是很好的第一步。

卧谈的艺术

我们很少在躺着时进行正式谈话，这是因为躺着会使谈话变得不那么正式。不过，这种不太正式的姿势在历史上无数重要对话中起到了关键作用。

我曾与希腊前总理乔治·帕潘德里欧共事多年。在很多方面，我将他视为一位导师，他对对话以及对话如何进行有自己独特的见解。他的智慧既来自执政的第一手经验，更源于他对古希腊三千年来民主对话传统的深刻理解。

乔治每年都会在不同的希腊岛屿上举办为期数日的聚会。主题几乎总是围绕着令人头疼的国际事务，气氛却闲散自在。正式讨论时可能有孩子在桌子底下玩捉迷藏；午餐时间很长，与会者在酒桌上流连忘返。经济学家、企业家、政治家以及他们的家人会从会议室转移至餐桌，而真正的对话就在餐桌上进行。一天结束时，与会者往往会站在地中海齐腰深的海水中继续交谈；晚餐后一般还有舞会。

这些聚会与我参加过的所有会议都不同，但其灵感部分源自三千年前关于如何进行创意对话的智慧：希腊座谈会。

乔治认为，座谈会是讨论当时哲学和艺术问题的传统论坛，受邀者包括哲学家、诗人和各阶层的政治家（尽管都是男性）。这是讨论重要议题的时刻，更是和与会者建立联系的机会，他们中的很多人被视为希腊政治基础设施（即政体）中的重要角色。

如果你曾经见过古希腊陶器上描绘的座谈会场景，那么最与众不同的地方就是整个对话都是躺着进行的。房间里环形摆放着长椅和长凳，这样与会者躺着的时候就能看到彼此。对话可以是充满活力、漫长、围绕复杂话题的，可以持续几个小时，甚至几天，但很少有争吵。事实上，对话更有可能转向八卦或个人建议，而不是激烈的争论。

最初的座谈会是在专门为这种对话而设计的房间里举行的，其间穿插着诗歌、歌唱和其他音乐表演。会上提供精致的饭菜，还有大量的酒水可供选择。“座谈会”（symposium）一词源于 sympa（意为酒壶）。斟酒的人（也被称为 sympa）会特别留意那些需要更多“润滑剂”才能敞开心扉的与会者，或者那些只要再喝一杯酒就可能醉得连话都不会说的与会者。他们堪称最早的对话引导师。

精神分析学者内森·克拉维斯（Nathan Kravis）在其所著的《卧榻之上》（*On the Couch*）一书中指出，在历史上，躺着一直与社交对话以及反思性故事讲述联系在一起。他认为，正是这种内在探索与公开分享之间的联系，促使弗洛伊德将卧姿作为精神分析实践的一部分。

事实证明，卧姿可能是加入创意对话的完美姿势。如果它能唤醒情感开放，象征对时间的奢侈态度，更能培养参与者之间的耐心和开放，那么我们为什么不将这种姿态纳入对话设计的工具箱？

站立开会

站立会议虽被贴上“科技初创公司和编程思维模式独有”的标签，但这种形式确实已经存在一段时间了。

站立的好处如下：它让你更警觉，帮助你增加能量、集中精力、摆脱不良的姿势、消除怪异的肢体语言，而我们拥有的所有道具，无论好坏，都必须被放在一边。当站立会议在科技企业中发展成一种实践时，它借鉴了比赛前团队会议的模式，在这种会议中，运动员聚在一起，互相鼓励，获得能量。这种方式非常有效。

在为丽思卡尔顿酒店设计场景时，我参加了几次酒店的晨会，即每日上午九点整，员工们在酒店大堂、会议室或走廊中进行的 10 分钟站立会议。会议通常由轮值的志愿者主持，每次会议都会围绕一个重要话题或一些运营新闻展开讨论。通常，会议会以讨论组织的四项关键原则之一而达到高潮。根据我的经验，每位员工在晨会结束后都会感到更振奋、更有活力。

站立会议最重要的一点是，它提供了一个机会，让我们能够以真诚的方式与他人交流，并与他们建立联系，摆脱了传统会议或对话的束缚。这是一个让我们作为集体与我们的价值观相连的机会。请务必站起来，但也请务必思考一下为何而站。

席地而坐

有些五岁时的记忆从未褪色。

不可否认的是，我们对盘腿而坐有着美好的联想——在图书馆里听故事、与家人野餐或做简单的课堂游戏。在你十几岁或二十几岁时，一个风和日丽的春日，老师同意带你们在户外上课，而你们不用再规规矩矩地坐在教室里，你还能想到比这更自由的时刻吗？你可能已经不记得当时的细节，但你很可能记得那一刻的美好。

2012 年，我有幸与后来担任参议员的伊丽莎白·沃伦

（Elizabeth Warren）及其团队成员合作，当时她们正在为美国消费者金融保护局（Consumer Financial Protection Bureau，CFPB）制定公众参与策略。这位以直言不讳著称的哈佛大学教授曾写过一本关于美国金融不公平问题的重要书籍。为应对 2007 年至 2008 年的金融危机而诞生的 CFPB，其办公地点在白宫附近的一栋大楼里。那里有会议室、桌子和白板，但唯独缺少一样东西：椅子。有很多地方可以开会，但椅子却明显不足。

我们会分散坐在会议室的地板上，打破了政府会议的等级模式，即高级职员坐在桌前，而初级职员坐在后面一排排的椅子上。在早期的小组会议中，我们会盘腿而坐，混坐在一起，哪里有位置就坐在哪里，所以很难分清楚谁是高级职员、谁是实习生。

此后数年，CFPB 一直保持着罕见的开放协作文化。没有人害怕发言，也没有人害怕提出困难或愚蠢的问题。每个人都参与其中，虽然我知道领导力和使命感在塑造这种文化中起到了一定的作用，但我更相信，形成这种协作文化的部分原因是，至少在几个月内，全员席地而坐，进行着最重要的战略对话。

当我们最终搬进正式会议室时，等级决定了人们坐在哪里，但对话仍然吸引着在场的每一个人，无论他们坐在哪里。每个人都有了新的位置，但席地而坐已经成了他们的习惯。

不要想当然地安排你的位置。制作座位图，让每个人都有机会站起来，但无论如何，你都要掌控自己的位置，而不要让位置掌控你。反思一下你的对话、对方的感受以及你所处的位置。这些都是相互关联的。注意人们坐在哪里和对话的感受。当其他要素都无法改变时，你还可以改变位置。你可能无法选择空间，但只需换个位置就可以达到你想要的效果。

充分利用空间潜力，激发对话活力

正如你不会想一直待在同一个房间里一样，在电话线缠绕在一起、桌面上横七竖八地摆放着笔记本电脑的会议桌旁进行所有对话，会严重干扰你在对话中的情绪，削弱你参与对话的积极性。

这就是探索对话语境会让你受益无穷的原因。

要善于了解空间的感觉和它的意义。为你想要进行的对话选择合适的空间，这将成为一种探索世界的全新方式。如果空间不起作用，不要害怕离开，换一个更合适的地方。

同样，还要留意一些微妙的东西，如道具，它们可以解锁全新的对话方式，或让你进行那些你认为根本无法进行的对话。

如果所有方法都没有用时，那就换个位置吧！在对话过程中，随时随地都可以通过正确的姿势获得正确的能量。

玩转语境可以释放出无穷的创造力。

话虽如此，但如果我们每天都在草坪上课，最终位置和环境对我们来说也就没什么特别了。过度使用空间、位置或道具等工具，可能会剥夺语境赋予它们的力量。

保留那些真正独特的语境，留给最重要的对话。你可以使用街角的咖啡店，但要保留一些宝贵的空间。毕竟，特殊或特别困难的对话值得拥有宝贵的空间。

适时介入，让对话回归正轨

当我第一次受邀在舞台上对专家和知名人士进行访谈时，我向一位专家寻求了建议。琳达·蒂施勒（Linda Tischler）当时是《快公司》（*Fast Company*）杂志的设计编辑，她接受过的以创意为中心的“台上”访谈比我认识的人都多。她与我分享了一些她学到的技巧，给了我很多宝贵的建议，当我们要结束对话的时候，她对我说：“最重要的是，当别人不停说话时，要学会优雅地打断他们。”

“具体该怎么做呢？”我问道。

她说：“其实我从未成功过。”

这段简短的对话让我记忆犹新。当别人主导对话时，一定有一些好方法可以打断他们。

具有讽刺意味的是，“打断”这个词本身就有些问题，因为它具有负面的含义。如果你搜索同义词，你就会发现只有负面的词语，比如打断、干涉、闯入，甚至起哄。随意打断别人，即使他们占据主导地位，也总是让人感觉有点粗鲁。

然而，平和而有目的地打断对对话有非常大的影响。我们之前已经讨论过几种平和地打断的方式，这也是“改变”一章的重要部分。作为一种实践，观察平和打断发生的时间和地点并记录下来是值得的。

反思一下在哪些情况下需要平和打断。第一种也是最明显的情况就是我已经举过的例子，即某人（甚至是一个人数不多但很有发言权的群体）有意无意地插话或主导对话。为了让新的声音进入对话，打断是必要的。另一种需要平和打断的情况是，当对话陷入僵局，实质上即将失败的时候。在这种情况下，打断可以起到挽救对话的作用。

在我与因创作音乐剧《悲喜交家》（*Fun Home*）而获得托尼奖（Tony Award）的丽莎·克伦（Lisa Kron）的一次谈话中，我们探讨了戏剧中的“打断”艺术。她的一部剧作《好吧》（*Well*）看似是一位女性的独白，但她的独白不断地被本应旁观的母亲角色打断。克伦谈到，戏剧中的打断是一种“有目的的能量变化”。这体现了打断和变化背后的意图。平和打断的关键在于有目的地改变能量，而这种能量应该是善意、温和的。

我们从仪式中习得的平和而有目的的打断会对对话实践产生很大的影响。据我观察，有三种非常巧妙的方法可以实现平和打断。

1. 沉默。我们非常喜欢快速做出决策，这正是我们需要制定规则来放慢决策速度的原因。导演菲利普·格罗因（Philip Gröning）听闻瑞士阿尔卑斯山上有一个由卡图尔修道士组成的兄弟会。这些修道士以坚守静默的誓言著称（尽管在历史上并非独一无二）。很多修道士在成年后的大部分时间都住在同一座修道院，根据修道院的规则，他们每周只能与彼此交谈一次，其余时间都在静默中度过。格罗因花了几个月的时间跟拍他们的生活，最终完成了近乎无声的杰作《大宁静》（*Into Great Silence*）。这部纪录片的视觉效果非常棒，以独特而生动的方式捕捉到了寂静的世界和兄弟会的精神世界。

这部纪录片最特别的地方不在于影片的拍摄过程，而在于影片问世的曲折历程。导演向兄弟会提出了拍摄请求，他们说会考虑并回复。而当他们同意拍摄请求时，格罗因非常高兴，尽管他们是在 16 年以后才“回复”的。

这可能有点慢，但揭示了一个道理：为慢制定规则最简单的方法之一就是加入几秒沉默。

要求人们放慢决策速度很难，而制定规则将沉默纳入决策过程则相对容易，只需几秒钟的沉默就可以明显放慢谈话的速度，几秒钟的沉默就能改变一个群体的决策。在做出决策或试图达成共识之前可以考虑停顿片刻，沉默一分钟。

在对话中规定沉默时间是如此罕见，以至于不需要太多的时间就能看到变化。70 多年前，当约翰·凯奇（John Cage）首演他那部至今仍然有争议的《4 分 33 秒》(*4’33”*) 时，观众们因无法忍受长达 4 分 30 秒的沉默而中途离场。在团体中，我们通常将沉默作为纪念某人的离去或安抚孩子的一种方式，而不是引导对话的一种方式。对有些人来说，这样会很舒服；但对于其他习惯于说话的人来说，这可能是难以忍受的尴尬，而这恰恰是其价值所在。

说得够多了，休息片刻吧。

2. 提问或评估。平和打断最简单的方式是提问。当某人主导对话时，这种方法很有效。提问既能恭维对方，又能让你表示对正在讨论的内容感兴趣，同时还能打断对方的发言。你可以试着问："您能举个例子吗？"这样，你就可以询问其他人是否有类似的经历，从而将焦点从个人转向群体。

当事情看起来真的很糟糕的时候，可以要求进行评估。我有一位朋友描述了他参与的一次关于战略的谈话。当时，对话明显已经偏离了正常的轨道，然后房间里有人问了一个问题："等等，让我们停下来问问自己我们在谈论什么？"参与者的回答表明，他们确实在各说各话。之后，他们重新开始讨论同一件事。

3. 歌唱。打断别人的谈话会让人感到尴尬和不自在；打断一群人的谈话更是让人深感畏惧。但如果做得好，就会带来非常大的变化。

阿米莉亚·温格 – 贝尔斯金（Amelia Winger-Bearskin）有一半美国原住民血统和一半犹太血统。她在罗切斯特郊外长大，父亲是柯达公司的商人，母亲是其所在部落的官方故事讲述者。作为一名工程师，阿米莉亚既是一名实验故事讲述者，又是纽约一家技术咨询公司的总监。同时，她还是一名歌剧演员。

有一次，我和阿米莉亚开了一整天的会。到了下午时分，很多用心良苦的谈话都出了问题。大家都很疲惫，房间里很幽静，我们陷入了僵局，不知道该如何继续。

这时，阿米莉亚举起了手。在这间会议室里，她显得很渺小——年轻、白皙的皮肤、黑发，像一个精灵。她问能否给我们唱首歌。

有一盏灯
即将熄灭
今晚的月亮
它将熄灭
我唱这首歌，我的宝贝
有一盏灯
有一盏灯
今夜它将为你我熄灭。
有一盏灯如此明亮
是你，是光，今夜闪耀
我唱这首歌，我的宝贝

有一盏灯

有一盏灯，今夜为你我永不熄灭。

她的声音是如此清晰而有穿透力。这首为她儿子写的摇篮曲提醒人们，时光易逝，莫负当下。

在这次中断之后，我们一起重新商定后续的议程。阿米莉亚以一种独特的方式释放了房间里每个人内心深处的渴望。多年后，我们都记得那一刻和之后发生的事情，却很难回忆起我们当初为什么会陷入僵局。

音乐的引入不仅实现了平和打断，而且向我们传递了一些无法通过语言了解的信息。正如我们经常会在特殊时刻使用音乐，比如婚礼或葬礼。

我参加过很多用音乐转场的会议，还曾遇到过一位成功的媒体高管，她说自己不会唱歌，却在会议开始时一边唱着歌，一边念着手机上的歌词。音乐插曲重置神经通路的方式类似于沉默片刻。

Making Conversation

Seven Essential Elements of Meaningful Communication

第5章

用规则释放创造力，让对话有序且有张力

如果人们知晓规则，并被艺术、幽默和创意唤醒感知时，他们就更有可能接受改变。

安塔纳斯·莫克库斯（Antanas Mockus）

哥伦比亚前总统候选人

有人认为是 IDEO 公司发明了头脑风暴法，但事实并非如此。头脑风暴法是一位名叫亚历克斯·奥斯本（Alex Osborn）的广告主管提出的。当时是 20 世纪 30 年代，奥斯本的团队总是提出一些在他看来过于保守、平淡无奇的想法，他深感挫败。于是，他提出了“小组会议”的概念，这种会议专门用于产生创意。他最初称其为有组织的构思。这看似有些讽刺，但为了让他的团队畅所欲言，享受和赞美创意，他制定了一系列非常严格的准则。

奥斯本撰写了大量关于创造力的文章，他也是将创意和设计方法系统化的先驱之一。他最初提出的头脑风暴四准则及其背后的理念，仍然是约束促进创意和合作最好的例子。这四条准则是：

- 追求数量；
- 欢迎“自由发挥”；
- 延迟评判；
- 寻求组合和改善。

我们来看看奥斯本对“延迟评判”的描述。他说：“对想法的负面评价必须等到以后再做。在发挥创造力的同时允许对自己吹毛求疵，就像试图从一个水龙头中同时放出热水和冷水一样。创意不够热门，评判不够冷静，那你得到的只是不冷不热的思考。我们应该把评判留到后续的筛选环节。”

毕竟，头脑风暴不是为了产生想法，而是为了激发很多想法。停止评判才能让参与者更自在地提出天马行空的想法。我们再来看看最后一条准则，即“寻求组合和改善”。换句话说，就是要相互借鉴。他的目标是找出好想法，并使它们变得更好。这就是为什么这条准则如此重要。它确保参与者深度参与同一个对话；他们需要倾听别人提出的想法，进一步推动这些想法并不断完善。

奥斯本在他关于头脑风暴的文章中还提到，在后续环节中，规则会发生变化，允许评判。在我们研究约束时，这一点很重要：不同的行动、目标和活动需要不同的约束。在本章探讨约束的概念时，我们将研究如何创建约束，以及何时何地我们可能需要改变这些约束或“改变规则”，以获得新的结果。

当你与任何一位设计师交谈时，他们都会赞美约束的优点。在这个推崇“打破常规思维”的世界里，创意实践往往始于条条框框。约束可以设定对话的节奏和速度；可以在对话偏离方向时打断对话；可以在对话目标发生变化时帮助转换对话模式。合理的约束可以使我们的对话产生创造性的差异。

设定清晰规则，为对话划界定向

我的朋友艾迪·希奥米（Eddie Shiomi）是领导力培训项目的设计者，他对约束有很多看法。他将试图在没有规则的情况下进行对话比作在没有扶手的地铁列车上保持平衡。他说：“你不停地向不同的方向伸手，却没有任何东西可以抓住。”

在撰写这本书的过程中，我最常被问到的一个问题是：你相信什么规则？提问者可能想到的是董事会、政府组织和其他正式场合最常使用的《罗伯特议事规则》，或者是专业学校常用的苏格拉底教学法，或者是辩论队在比赛中使用的规则。我的答案往往是“全部”。我是一个对规则充满好奇的人。

我的理由是：如果规则是约束对话（使其变得更好）的方式之一，那么任何现有规则都可能适用。对我来说，问题始终是：什么样的规则最符合对话的宗旨和基调，以及这些规则是因何制定的？最后一个才是真正重要的问题，因为我们常常会在不了解规则起源的情况下遵守规则。

如果规则不清晰，我们就很难在趣味性和谈话进展之间找到平衡点。这就是约束的作用所在，但前提是，你首先要知道为什么要建立约束。

集体参与规则制定，增强执行认同

另一个重要的可能性是共同建立约束机制。这是一种非常有价值的实践，因为就约束达成集体共识不仅能建立秩序，还能培养共同体意识。全美国中小学推行的响应式课堂正是这方面的典范。

在学年开始时，响应式课堂模式首先要求学生和教师共同确定本学年的希望和梦想。然后，他们逐渐确定一系列能够帮助学生实现这些希望和梦想的规则，这些规则旨在帮助他们达成自己的目标。他们在整个学年中都将遵循这些规则。

教室和学校将规则张贴在墙上，随时提醒师生遵守他们自己制定的规则。

规则是为了帮助他们实现愿望的，这种想法本质上是乐观的。这就是为什么他们的规则被重新定义为积极行动指南。例如，规则不应该是“不要说刻薄的话”，而应该是“说话要友善”。当你从消极转向积极时，比如，“安全走动”而不是“禁止奔跑”，规则的作用就改变了。这些积极的规则可以帮助你理解你所向往的感觉和团结。在一所学校，他们制定的第一条集体规则就是“享受它吧”。这是我最喜欢的规则。

让规则本身更合理、易遵循

那么，让我们把它应用到我们建立约束的工作中。

在我看来，即使将它们称为约束，也是借鉴了响应式课堂的做法。约束是积极的，而规则有消极的含义。规则让我们心生畏惧，而约束让我们自由。规则限制我们的自由，而约束让我们自由。

因此，我们首先要明确对话的宗旨和基调，共同制定最适合该目标的约束条件，然后认真地写下来，展示出来，时刻提醒我们。比没有约束的对话更糟糕的是，有约束却总是被打破或忽视。

我意识到，在对话中加入约束可能会让人感到非常害怕。这就是为什么我提出了四个关于约束的约束。

1. 具体。模棱两可的约束毫无价值。如果需要对约束进行解释，那么它可能不是一条好规则。约束应该尽量简短，而且在可能的情况下，可以直接准确地告诉你它想让你做什么。好的约束不会让人们停下来思考是否或如何在对话中应用它。

2. 积极。这又回到了响应式课堂的实践中，它真的让我印象深刻。我们太习惯于用规则来告诉我们不能做什么了，这也是我们最初可能会拒绝在对话中使用规则的原因之一。所以，制定约束，告诉你该做什么，你渴望成为什么样的人。任何约束都不应该太复杂或限制性太强，以至于让你反复纠结如何开口。我们的目标是开展对话，而不是在规则中步步为营。

3. 出人意料。一个出人意料的约束会让参与者意识到这实际上是一次创意对话。当你阅读本章和本书中所讨论的对话形式时，你会发现它们都至少有一个“非常规”约束。“保持沉默”“向你赞同的人靠拢”“追求数量”这些出人意料的约束往往能彻底重新定义对话。

4. 简明扼要。我建议最多只有四个约束。对一个群体来说，要理解并记住四个约束已经很难了。更重要的是，一旦你增加到五个或者更多，就等于要求人们去了解一个体系，这与学习如何进行对话的准则完全不同。我参加过很多根据《罗伯特议事规则》进行的会议，我发现会议上进行的都是相当压抑的对话。规则太多，很容易让人对规则感到迷惑，而不是认真思考你精心准备的对话内容。你不是在对话，而是一心只想遵守某些行为规则。

在接下来的内容中，我们将探讨三类约束以及它们能让我们做什么：关于时间的约束以及它们使我们更有效率并推动对话进行的方式；使事情更公平并促进更开放的参与的约束；以及允许我们评判和推进想法的约束。

记住，你不需要永远生活在约束中，你可以而且应该改写它们。不要只顾着制定约束条件而忽略了实际行动。只有在真实对话中使用这些约束，你才能了解它们是否有效。

用时间节奏调控对话效率与深度

要想影响对话的基调和方向、想法的质量和结果的类型，最简单的方法莫过于设定时间约束。这就是议程的作用。它实际上是一系列对时间以及如何使用时间的约束。

议程告诉我们什么时候可以发言、什么时候不可以发言；告诉我们在什么样的时刻需要做什么样的事情，以及我们有多少时间或者只有多少时间来做这些事情。它们可以控制决策的速度和讨论时的慎重程度。当你策划一场创意对话时，你可以将议程视为一系列约束。这是我们所能实现的最重要的创造性干预之一。

想一想你参加过的论坛、行业发展会议或其他主题的会议。会议是一种特殊形式的对话，所以它们会受制于结构化的议程。

大多数会议力求以一种有分寸的方式进行对话：上午四场 45 分钟的会议，下午两场 90 分钟的分组讨论。上午的四场会议将听取台上演讲者的发言，并辅以一场小组讨论，或者至少以一个小组讨论结束。具有讽刺意味的是，下午的会议被称为分组讨论，你可能会参与更多的互动，也许会参与一项活动或小组讨论。我猜你以前已经参加过很多次这样的会议了。

还有一些会议颠覆者，其中最有名的就是 TED 了。TED 最伟大的创新之一就是完全打破了传统会议的节奏。演讲者被要求在很短的时间内完成演讲，而时间限制甚至让他们觉得无法将演讲内容完整呈现。如果你要进行 TED 演讲，18 分钟是所有演讲者能拥有的最长时间。无论你是爱 TED 还是恨它，TED 都为会议定义了一种全新的模式和节奏，而 TED 演讲则是内容传递方面的一次创新，它以最基本的形式启发了人们的思想。

如果你不喜欢这种形式，那很可能是因为你有过一次糟糕的体验。在会议领域，我们一直非常渴望与众不同的创新，以至于类似 TED 的会议形式似乎成了一剂良方。如今你参加的会议可能是一个上午八到十场 18 分钟的会议，而不是过去的四场 45 分钟的会议。

当我们为一次对话或一次会议设定议程时，我们往往会套用同样的模式。我们试图建立一种让人感觉合理、有逻辑和公平的时间安排和形式。这是一个巨大的错误。

毕竟，节奏明快、富有创造性的对话的最大敌人就是在讨论时贪多求全。我们总是迫切希望摆脱与开放式讨论相关的不确定性，获得某个确定的结论。

另一方面，当我们进行对话时，我们应该建立一个良好的节奏，但不一定是匀速的节奏。创意对话应该允许人们在恰当的时候"溜号"，但在其他时候保持严谨；节奏应该有变化。我们应鼓励创意对话时而快速推进，时而审慎斟酌，并在必要时完全停止。

毕竟，不同的时刻、不同的活动、不同的内容都需要不同的节奏。

加快速度

回想本章一开始关于头脑风暴的例子，我们会发现加速会议中某些环节的价值。

加快会议速度与我们在本书前面讨论的站立会议相似。速度越快，身心越兴奋，同时也能避免过度思考。这就是为什么人们经常在创意生成阶段设置一些约束以鼓励加快速度。例如，我们会说："让我们在接下来的15分钟内提出100个创意。"我们可以快速思考，但在那些我们倾向于缓慢思考的主题中，加快速度也同样有用。快速发现问题但从容解决问题会带来意想不到的结果。

我曾受邀为纽约一家艺术博物馆的董事会举办战略规划会议。董事会希望成员们就该机构面临的最紧迫问题进行反思并达成一些共识。他们表示时间可由我安排，但我选择了加速推进，只用了会议的最后七分钟就完成了任务。

在会议即将结束时，黄昏笼罩着纽约的天际线，美酒即将上桌，于是我要求与会者与邻座组队，用五分钟的时间找出该机构面临的三个最严峻的问题，以及他们认为可以解决的一个问题。他们的脸上露出了震惊甚至恐慌的表情，但鉴于时间紧迫，他们别无选择，只能快速列出清单。

不要害怕在我们容易陷入困境的地方使用加快速度的方法。

更重要的是，加速在这时起到的作用就像其在构思过程中的作用一样，即时间越短，自我审视越少。随后，大家畅所欲言，气氛活跃，这表明他们对所面临的问题感到兴奋，也深受启发，就好像他们已经找到了100种解决方案。

慢下来：暂停的智慧

强制加速的规则在探索阶段非常有用，但在你需要做出重大决定的时候却可能适得其反。

在领导力方面，我们往往过于崇尚果断，沿袭了一种将领导力等同于快速和自信的决策，而不是深思熟虑的认知惯性。“任何决定都比没有决定好”这句话乍听有理，但如果你停下来想一想就会发现，并非所有决定都比不做决定好。当我们进行对话时，我们最终的目标不一定是行动，而是推动认知发展，比如推进一个想法，探索这个想法，但不一定只是让它实现。

当事情变糟时，我们往往会加快速度，这通常会加剧危机而不是缓解危机。在危机的高峰期，人们往往无法理性地处理信息。

美国最高法院的听证会快得令人难以置信。听证会通常仅持续一小时左右，双方各有 30 分钟的时间来陈述自己的诉求。即使在这么短的时间内，大法官们也会向律师们提出几十个问题。不知不觉，听证会就结束了。

但这并不是讨论的结束，而仅仅是开始。接下来还有数天、数周或数月的审议。大法官们会与他们的书记员进行非正式谈话，举行正式会议，进行投票表决，最后做出决定。然后，由一位大法官起草最终的法庭意见，并在审议结束前发布。因此，虽然口头辩论看似速战速决，但审议过程却是相当缓慢和周密的。

如果你回想一下上一次有人要求沉默一分钟的情景，你可能会觉得一分钟可以如此漫长。美国公共卫生局局长维韦克·穆尔蒂和他的团队在研究美国人的压力和焦虑程度时，他开始思考如何在讨论压力问题的会议上减轻团队压力。他的解决方案很简单：沉默一分钟。他说："有时五分钟冥想会让人感觉度秒如年，思绪飘忽不定，实际上适得其反，但只需一分钟，恰到好处的一分钟往往能创造最佳效果。"

沉默不仅能缓解谈话中的焦虑和压力，还能激发创造力和开放性，并有助于避免危机思维。心理学家奥尔加·莱曼（Olga Lehmann）说，当我们面临重大的人生决定时，我们总会感受到讨论和行动的压力。但她的研究表明，沉默会激活我们大脑的"默认模式网络"，也就是我们做白日梦或幻想时活跃的那部分大脑。沉默让大脑有片刻的时间从即时表达转向创造性反思。

你可以在对话中设计这样的时刻。通常情况下，人们会选择从沉默片刻开始，但也可以尝试在对话的中后段设计沉默片刻，比如在讨论进行到三分之二时，也许是一个小时的对话进行到 40 分钟的时候。预留出时间，列入议程。这就像设置了一个平和打断的"定时炸弹"。如果你愿意现在就预留这段沉默时间，那么它以后将成为对话的"重启键"。

说到这里，我们应该摒弃整天开会的坏习惯了。

丹尼尔·平克（Daniel Pink）在他的《时机管理：完美时机的隐秘模式》（*When: The Scientific Secrets of Perfect Timing*）

一书中谈到，人们的情绪通常在清晨攀升，在午后逐渐下降，直到傍晚再次达到顶峰。我们知道了这一点，我们自己也能感受到这一点，却总是忽视身体状态对决策质量的潜在影响。可悲的是，全天会议中最重要的对话往往被安排在下午两点到六点这个时段，而在这个时段，我们的精力和注意力处于最低谷。

因此，当我受邀为客户设计对话时，我会给客户提出一个简单的约束条件：在多天内进行多次较短的对话，并且所有对话都要在下午两点前结束。为了在对话结束后采取果断行动，最有效的方法可能是最违背直觉的。这些巧妙的暂停会让你为最重要的对话留出休息时间。

我发现，第一次会议可能会有很多想法要讨论，可能会牵扯到很多问题。通常情况下，第一天的回忆会让人有些绝望，有时甚至是非常绝望。所以只需两个小时就足够了。第二天，当你看到同样的可能性和问题时，经过整夜沉淀的你会突然发现，解决方案似乎变得更清晰了。

不管是一分钟还是一个晚上，关于慢下来和暂停的约束都没有削弱团队的决断力。他们只是多了一个思考的机会，事实上，这将确保决策是更好和更合理的，并且是更经得起推敲的。

在限制中找自由，让对话张弛有度

美国伊利诺伊州参议员亚伯拉罕·林肯（Abraham Lincoln）

和政治家詹姆斯·希尔兹（James Shields）的较量，是美国历史上耐人寻味的决斗之一。

早在几个世纪之前，人们就已经制定了规范决斗艺术的规则，但随着时间的推移，这些规则也在不断变化和发展。在大多数情况下，决斗是为了捍卫荣誉，而不是杀戮甚至伤害任何人。这就是为什么会有“第一滴血”这样的规则，即挑战者只要击中对手即可宣告胜利。

1842 年，当希尔兹和林肯要决斗时，通常是由被挑战者，也就是林肯，来制定决斗规则。林肯制定了一套相当极端和巧妙的规则：他选择使用笨重的军用阔剑作为武器，而且双方必须保持 12 英尺的距离。从本质上讲，他制定的这套规则确保了两个人都能毫发无损地结束决斗。最后，希尔兹和林肯被说服，放弃了决斗。林肯表示了歉意，而挑战者希尔兹也很幽默地接受了道歉。

我喜欢这个故事，因为它提醒我们，精心设计的约束可以确保对话的安全和公平。从本质上讲，当林肯制定新的决斗规则时，他是在使双方在决斗中更难伤害到对方，实际上在很大程度上消除了决斗中“对抗”的部分。

重要的是要记住，即使你在对话中畅所欲言，同桌的其他人也很可能并不这么觉得，而他们的身份往往最出人意料。

常有人对我说，他们希望在谈话中出现冲突，或者他们愿意参与有益的辩论。说这些话的人通常觉得自己非常擅长辩论，或者足够机智来应对冲突。但并非所有人都如此。创意对话可以包容和应对冲突，可以确保辩论是有益的。但要做到这一点，就需要在对话中设置一些约束，以实现适当的平衡。

让评判成为建设性力量

了解评判的概念以及如何很好地进行评判，让我们能够探索如何在创意对话中提供平衡。

在我的工作乃至大多数创意工作中，我们每周，有时甚至每天都要围绕需求给出评判。我发现，只有遵守清晰、明确和人性化的规则，评判才能成为日常工作流程中被接受的一部分。批判性评价是我们日常生活中的必要组成部分，它存在于师生之间、雇主与雇员之间和家庭成员之间。有时，评判可能涉及一个人向另一个人或很多人提供反馈，但如果能认真制定评判规则，就能改变评判的氛围，让每个人都更愿意接受它。

鉴于我们之前讨论了时间和节奏，我就不赘述评判最基本的规则，即关于何时以及以多快的速度进行评判了。永远不要在截止日前一天进行评判。不要在一天结束前或周末前进行评判。选择身心最清醒的时间。把评判安排在一天的开始，而不是疲惫不堪的傍晚。评判需要你花费一定的时间。我经常会安排 90 分钟的时间对我的想法进行回顾和评判，这会将对话从意见反馈转变成集体工作。

评判最重要的要素是界限。所以，我会在开始时提出一些问题，为回顾的内容设定范围，比如，你喜欢什么？哪些领域不能触碰？你需要哪些具体的帮助？这样就确定了对话的范围，哪些可以详细讨论，哪些要放在一边。

当你以这种方式开始评判时，你赋予被批判的人设定评判范围的权力。这应该是双方的默契，为安全且充满挑战的对话奠定了基础。这其实与决斗守则没有什么不同——被挑战一方有权设定决斗的规则。

就像任何事情一样，评判界也有流行趋势，人们在“如何给予反馈”的领导力培训方面投入了大量精力。有一些最基本的方法，如反馈三明治（在值得表扬的两点之间加上一段批评），也有更复杂的框架，如《彻底坦率：一种有温度而真诚的领导》（*Radical Candor: Be a Kick-Ass Boss Without Losing Your Humanity*）一书中探讨的四象限模型①。但根据我的经验，缺乏反馈的培训是危险的。领导者经常被要求以“我能给你一些反馈吗”作为开场白。但我发现，更好的问法是“我可以就________给你一些反馈吗”，让反馈具体化。就像设计评判一样，如果你能针对“某事”而不是“某人”提出意见，效果会

① 四象限模型由吉姆·斯科特（Kim Scott）提出，旨在帮助领导者更有效地给予反馈和指导。这个模型基于个人关怀和直接挑战两个维度将沟通模式划分为彻底坦率、毁灭性同理心、粗暴攻击和操纵性虚伪四种。——译者注

好得多。

当你以提问开启评判，并邀请对方一起设定约束条件时，会出现一种情况，那就是对方完全有理由回答“现在不行”。约束条件不仅涉及参与的内容和方式，还涉及参与的“时间”。围绕评判并共同制定约束条件的好处是创造一种平衡的对话关系，实现双方的开诚布公。

恰当的约束能让评判从痛苦的体验转变为相对愉悦的体验。在过去两年里，我和我的编辑在这本关于对话的书中紧密合作，反复推敲内容。因此，我们已经有了一套相当完善的评判规则。现在，当他就某一章批注“你的脑子是不是出了什么问题”时，我不仅完全认同，还觉得这很有趣。约束反而成就了真正的自由。

留意语言陷阱，避免沟通阻碍

在大学时，我选修了一门名为比较革命的课程。如今，我已经很难回忆起那些理论，但有一条非常简单的规则一直让我记忆犹新。教授达瑞斯 · 雷加利（Darius Rejali）规定，学生发言不能以“但是”开头。他认为，“但是”一词会释放对立信号，会在对话中制造一种“冲突心态”。

通过约束我们应该警惕词语种类，雷加利实质上是为冲突设置了一个“信号”。由于“但是”一词被禁止在对话中使用，因此我们不得不重新构思自己的评论，从而将对话的基调从对立转为合作。

有趣的是，“但是”在即兴表演中也被禁止使用。即兴表演依赖于表演者之间的实时互动和合作，要求每位表演者提出的任何观点都要得到搭档的支持和延展——本质上，就是要成就搭档的表演。而“但是”这个词被视为一种语言暗示，暗示表演者可能会反驳而不是延展别人的观点。

指出可能带有负面含义的词语可以将语言与说话者区分开来。

培养分辨能力并不只是注意特定的词语，还要分辨更微妙的行为。

我曾与一个复杂的非营利组织合作过。有一天，一位领导者正在滔滔不绝时突然停下来说：“Waste（浪费）。”至少我以为他是这么说的。结果，他说的是 WAIST。那是一个缩写词。

WAIST 代表一种提问形式，即 Why am I still talking（为什么我还在说话）。这是该组织制定的一个约束条件，当你走神时，当你说的话不再能推动对话进行时，当你没有新内容可讲时，你就可以打断自己。

这是我唯一一次打破自己对缩略语刻板印象的一次，因为 WAIST 确实有效。你只要听过一次，就能记住它的意思，它几乎立刻改变了我对参与方式的看法。

并不是所有的对话都需要平衡，但对你最重要的对话必须是平衡的。约束的存在正是要帮助你实现这种平衡。

动态调整规则，适应对话变化

1966 年，小野洋子（Yoko Ono）展出了一件名为《白色国际象棋》（*White Chess Set*）的艺术作品。正如其名，这是一副国际象棋，棋盘和棋子都是白色的。棋盘下面刻着一行字："只要你能记住所有棋子的位置，游戏就能继续。"这是一个极其简单的反战作品，这些新的约束将国际象棋从一种对弈游戏变成了一种永远无法获胜的游戏。

2015 年，纽约现代艺术博物馆（the Museum of Modern Art，MOMA）在举办小野作品展时复制了这件作品，供参观者体验。教育策展人温迪·伍恩（Wendy Woon）发现，当人们开始记不清棋子的位置时，他们并没有停止游戏，而是开始讨论新的游戏规则。他们共同制定了新的而且往往是合作性的目标，使游戏得以继续。更重要的是，他们开始就原作的政治寓意进行开放式探讨。他们改变了约束条件。

这个例子几乎完美地诠释了我最终的观点：不要一味地设置约束条件，并认为它们有效。放松一些，在对话中暂停一下，留出一些时间来评估这些规则是否有效。如果无效，就思考如何调整和优化。就像在议程中安排沉默时刻那样，专门规划一段时间来审视约束条件，了解如何让它们发挥最佳作用，这往往会带来意想不到的收获。

当约翰·杜威学院的安德莉亚·莱恩接手工作时，曾面临规则太多的窘境。几十年来，更多的规则在原有规则之上积累起来。有些是根本性原则，比如“禁止吸毒”，但还有一些规则却让人不明所以，比如“洗衣房每次仅限一人使用”。因此，她对规则进行了一次清理，将它们全部废除，并重新制定。

毕竟，规则并非一成不变。它们是对话的操作系统，可以被编写、试运行，然后重写。创意对话最大的风险就是将规则视为金科玉律，而不是一套可试验、可调整，并在无法达到预期效果时废除的约束条件。

在规则框架内激发创意火花

我第一次接触到“灵感时刻”（hunch hour）这个概念是在作家和政治活动家考特尼·E. 马丁（Courtney E. Martin）举办的关于如何撰写评论文章的研讨会上。这个概念太棒了，我立刻学习并自己使用了。这个游戏是研讨会的开场环节，本质上是一种检验专栏文章选题的新闻价值和社会关联度的方法。

这个环节开始时，她请围坐的小组成员提出一个预感。这个预感可以是个人感悟，也可以是关于某个特定议题的；可以简单到“纽约人喜欢熬夜”，也可以复杂到“我们不再关心真相”。

然后，她会请在座的其他人“验证”或“质疑”这个观点，并提供支持或反对它的证据。证据可以是学术文章，也可以是你的亲身经历。除非你有证据，否则你无权表态。

这就是所谓的灵感时刻。在这一小时的对话中，人们会与在场的人分享自己的观点，并根据反馈决定是进一步将这个观点记录下来还是完全放弃它。这不是头脑风暴，恰恰相反，这个环节不是要求人们提出天马行空的想法，而是为初具雏形的灵感赋予更多的价值、提出更多的证据，推动有趣的想法向前发展。

虽然我“借鉴”了这种对话形式，并且已经成功使用多年，但我还是想了解它的灵感来自何处，所以我联系了考特尼，以了解更多细节。

灵感时刻是对话设计的完美典范。它本质上是建立在我们对清晰度、承诺和约束的探讨上的对话。考特尼设定了很多目标。她想让参与者就可能的写作想法提供反馈意见，同时她又想让这群彼此陌生的人建立联系。她想要营造轻松氛围，而语言在这里至关重要：“灵感”这个词不太沉重，但如果你把这个词换成“假设”，可能就没有人愿意参与了。你不会轻易与满屋子的陌生人分享一个假设，也不会轻易地评判他人的假设。

同样，“验证”和“质疑”这两个词也选得很好。这不是简单的同意或不同意。它们比较温和，指向一个方向，但并不绝对。考特尼对我说："参与者很多都是学者，所以他们习惯于评判观点，而我很想规避这种行为。"顺便说一句，这也是这种方式在基金会和慈善机构中效果如此好的原因；同样的评判倾向也存在于文化中。

一个小时的时限也很完美，既能讨论一系列想法，又不会陷入困境。要求有支持性的证据使对话能够推进想法。你可以质疑和验证，但前提是必须言之有物。这条规则既鼓励参与，也让参与者对他人想法的质量和发展负有责任。

从本质上讲，本书的大部分内容都是关于约束的。约束可以让你获得更多的平衡和自由，但它们的作用远不止于此：它们可以帮助你朝着特定的目标前进，并形成一种特定的风格。最重要的是，正如我们在小学课堂上看到的那样，约束可能会帮助你实现你的梦想。

从游戏中汲取对话设计智慧

我们正在探讨的要素，即新的规则、新角色、新的空间、动态互动以及新的倾听模式，是一个好游戏成功的基础。因此，在设计高效对话形式时，我经常从游戏中寻找灵感。

以下是我通过认真研究游戏学到的五件事。

1. 游戏的持久性。游戏是衡量一个社会在某个时间节点讨论什么合适的指标。某些游戏的结构已经存在了数千年，它们承载着人类选择互动方式的悠久历史。

我曾与吉姆·斯特恩（Jim Stern）有过交流。他是一位游戏设计师，现在是电子游戏发行商 Zynga 公司的游戏收购主管。他对游戏的发展历史有一个宽泛而简单的框架。他认为，游戏可以分为三种类型：我们所熟知且经久不衰的经典游戏；改良但游戏规则不变的优化游戏；以及全新的发明（事实上，这类发明比你想象的要少得多）。

"经典"和"优化"这两类游戏尤其能为对话设计提供灵感。以夺旗游戏为例，至少两个世纪以来，无数孩子都在玩这个游戏。有些人认为，这个游戏是直接改编自真实的战场，夺取敌人的旗帜即宣告战斗结束。

在我的童年时代，夺旗游戏是一种大规模游戏，可以在多达八个城市街区进行，并且可以一直玩到深夜。虽然如今人们可能已经看不到这种游戏的踪影，但它却在不断演化，并被优化版本所取代。例如，我见过一家小型企业改良了这款游戏，用于团队建设。他们在纽约中央车站等地为成年人设计夺旗游戏，通过改变地点、参与者和游戏目标，将其转化为一种培养团队协作和沟通技能的手段。

2. 游戏教学。游戏可以教授经济理论，这是伊丽莎白·马吉（Elizabeth Magie）设计《房东的游戏》（*The Landlord's Game*）的初衷。游戏还可以教人遵守道德，就像 18 世纪的《幸福大厦》(*The Mansion of Happiness*)。有些游戏只是让你记住一些事实。这些事实无论是否有用，都会让你很难忘记。玩过《智力棋盘》(*Trivial Pursuit*)的人都能证明这一点。

1935 年问世的《大富翁》(*Monopoly*)是《房东的游戏》的改良版，如今世界各地还有很多人在以不用的形式玩这款游戏。在任何一家塔吉特百货（Target）公司，你甚至可以找到《星球大战版大富翁》(*Monopoly Star Wars*)，旁边就有《青少年版大富翁》(*Monopoly Junior*)和《冰雪奇缘版大富翁》(*Monopoly Frozen*)。这款游戏之所以经久不衰并让玩家始终有新鲜感，并不是因为怀旧情结和营销手段，而是因为它教会了我们更多的基本技能，比如谈判以及达成交易和战略合作的艺术。

找一组人再来玩一次这款游戏，你就会发现或者想起，玩大富翁的技巧在于知道什么时候交易、什么时候让步、什么时候谈判、什么时候与其他玩家合作，以实现垄断版图的终极目标。如果你把这些技巧用到谈话中会怎样呢？这些技巧适用于哪些情境？哪些情境不适用？

3. 游戏能转移权力。游戏是实践新规则和转换参与者权力角色的简单方法。在中世纪，美国贵族中很流行《宫廷爱情游戏》(*The Game of Courtly Love*)。在这个游戏中，女性会挑战男性朝臣，要求这些男性用某种形式的演说来取悦她们，以证明他们的爱。这个游戏不仅培养了当时很重要的技能，即如何在宫廷环境中用言语蛊惑人心、说服他人；更重要的是，它短暂颠覆了传统的权力结构，让女性掌握了控制权。在这种情况下，她们成了判断何为聪明和智慧的仲裁者。

如今，我们不必费多大力气就能找到类似的改变权力平衡的游戏。最“经典”的猜字游戏就是绝佳范例。在玩这个游戏时，参与者必须在不发出声音的情况下表演出一句话或一个标题，而其他人则试图猜出他想要表达的意思。《你画我猜》（*Pictionary*）等游戏是这个游戏的“优化版”，在游戏中，一个人事先被告知某个标题或概念，并被要求以绘画的形式向其他人表达出来。这类游戏之所以成功，是因为它们剥夺了参与者的某种共同能力——语言。

猜字游戏之所以有效，是因为它通过能力限制机制实现了公平竞争。这种公平意味着那些可能在某些方面（在这种情况下是语言）特别擅长的人无法依赖这些优势，而其他可能更擅长肢体表达或视觉语言（在《你画我猜》游戏中）的人可能会暂时拥有优势。

同样，当参与者地位平等或不在同一起点时，你可以将能力限制机制应用于对话。试想如果你停止谈话，并要求某人不用语言解释他们的观点会发生什么。如果你要求参与者根据他们同意或反对某人的观点而靠近或远离他会发生什么。

4. 好游戏有好规则。从根本上说，游戏就是玩。游戏可以具有竞争性和挑战性，但同时也应该是有趣的。

20 世纪 70 年代出现的“新游戏”，是倡导群体协作完成共同目标而进行的游戏，比如众人合力移动一个代表地球的巨大球体，让它在不接触地面的情况下穿过场地。

斯图尔特·布兰德（Stewart Brand）是《全球概览》（*the Whole Earth Catalog*）杂志的幕后推手，他曾参与设计早期的“新游戏”。在他撰写的一篇论文中，他提出了好的新游戏的五项设计原则，这些原则也可以应用于设计优质对话，乃至经营美好生活。它们分别是宽恕、设置悬念、良性竞争、机智和仪式感。

5. 游戏就是对话。Zynga 公司的游戏设计师吉姆告诉我，当他还是一个青涩的少年时，他从学校回到家后的第一件事就是坐下来和他的母亲一起打牌。直到多年以后，他才意识到，在玩牌的同时，他和母亲会很自然地聊起学校和生活中发生的事情。玩牌时那种微妙的分心让他得以打开心扉。在他长大成人后，他和母亲一直保持着这个习惯。

游戏为对话带来的最重要的启示就是，游戏有胜有败，但它仍然只是一场游戏。在大多数情况下，我们不会因为输掉了游戏而耿耿于怀，但也有例外。正因如此，我敦促大家想想是什么让游戏发挥了作用，而这其实也适用于对话。当你开始认真对待游戏时，你会惊讶地发现我们很少从游戏中汲取对话的灵感。

Making Conversation
Seven Essential Elements
of Meaningful
Communication

第 6 章

捕捉集体意识觉醒，让对话成为变革的起点

有些时刻会提醒我们，众生同源。

里安农·吉登斯（Rhiannon Giddens）

著名音乐人

“我们都很震惊和尴尬。我们静静地看了前20分钟，但最终还是坚持了下来。”74岁的多娜丽自称是盐湖城一位虔诚的基督徒，她向我讲述了她所在的读书小组观看20世纪70年代臭名昭著的电影《深喉》（*Deep Throat*）的经历。

事情的起因很简单。多娜丽和丈夫与一些朋友打桥牌时，有人提起他读到的一篇文章，说全美国的五金店都因为《五十度灰》（*Fifty Shades of Grey*）那本书而卖光了绳子。其中一位女士说，她一直在图书馆等待预约这本书；另一位女士说她在圣诞节时拿到了整个系列的书。当天下午，她们决定召集几位女性，一起阅读这本书。

其中有几位女性彼此熟识，有些则是朋友的朋友。她们都在50岁至70岁之间，都有一定的宗教背景，很多人是虔诚的基督徒、卫理公会成员和天主教徒，其中有一位甚至经营着当地的一家基督教慈善机构。

“第一次讨论非常有趣。实际上，就这个话题进行对话是一件神奇的事情，”多娜丽说，“当我们开始交谈时，我们意识到书中很多内容都是我们闻所未闻的。于是，我们开始互相提问。‘你认为这段话是什么意思？这又是什么意思？’几个月后，我们又聚到一起，读了第二部。”

对话逐渐深入。最初，她们只是试图从字面上理解书中的情节，然后她们逐渐开始探索自己对书中内容的认识和感受。

然后，她们观看了《深喉》。之后，她们对这部电影的女主角产生了好奇，只观看了《拉芙蕾丝》(*Lovelace*)。这是一部关于《深喉》女主角琳达·拉芙蕾丝（Linda Lovelace）的传记片，主要讲述了这部电影对她人生的毁灭性影响。

这两部电影标志着对话开始从探索性意识的兴奋转向理解性剥削、性别认同迫害等议题，对话变得愈发复杂和微妙。

“从那以后，我们讨论的主题就偏离了书本，”多娜丽说，“我们成了一个由六名女性组成的团体，开始讨论很多女性都在想却从未说出口的话题，因为她们根本没有机会说出来或者提出问题。”

改变是对话的组成部分，而且在很多情况下，它是创意对话的目标。遗憾的是，那些无法促成某种形式的改变的严肃而艰难的对话，只能是严肃而艰难的对话。

这就是我喜欢多娜丽关于读书会的故事的原因。

首先，她们的经历帮助我们重新定义了什么是改变。我花了很长时间来思考这个定义，直到最近我回想起几个月之前与剧作家丽莎·克伦的一次对话，我们谈到了“宣泄”这个概念。高中英语课上关于“宣泄”的定义是，宣泄是戏剧中激发“怜悯和恐惧”释放的时刻。当我提到它是改变的一个重要组成部分时，丽莎并没有理我。她给出了一个更巧妙、更简单的说法。

“宣泄，”她说，“实际上只是一种集体意识出现的时刻。”

她的话让我豁然开朗。我所寻找的改变是形成共同体的改变。我一直在寻找这样一个时刻：我们为了彼此而来，又一起携手前进。正是共同体的建立让我们能够畅想和创造理想的未来。

其次，多娜丽和她的朋友们注意到自己正在改变。每次聚会，她们都会发现自己对话题的认知更深刻了。重要的是她们认识到，正是读书会共享的书籍和电影推动了她们的改变。她们说：“读完《五十度灰》后，我们有了很多问题。”这是她们对这本书的一种反应，一种了解某种好奇的需求。但是，如果她们不是非常清楚地意识到是这本书引起了她们的改变，并且她们喜欢这种改变，她们一开始就不会继续开展对话。

正如多娜丽在对话即将结束时对我说的那样：“每时每刻，你都有机会接触到你从未接触过的领域，遇到特定的群体。但如果你没意识到，你就会与它们或他们擦肩而过。如果你能抓住这些机会，你的生活将变得无比充实。”

有意识地觉察变化的发生，找到某种方式来呈现这种变化并加以标记，从而持续提高对话的影响力，这些都可以是有意而为之的。我们触手可及的一些工具正是为此而设计的，它们可以帮助我们识别变化，并利用这种变化走得更远，其中很多工具都可以在古老的人类仪式中看到。当我们审视变化时，我们想要探索的是那些能够帮助我们为改变做好准备、觉察变化，并最终通过对话引爆下一次重大变化的工具。

在探索、反思与精进中推动改变

在我们位于北部的农场，我每天都会沿着农场的边界走，大约一英里[①]。这再平常不过了，有点枯燥，却能让我静静地思考一些问题。坚持了五年，我真正注意到的是变化。

有一天，田野里的黄花比红花多；有一天，森林的地面上长满了常春藤；有一天，风吹得树木摇摇晃晃；有一天，风和日丽。我所看到的就是变化。一次次精心设计的对话也是如此，唯一不变的就是变化本身。

我相信这就是多娜丽的读书会成功的原因。并不是因为对话的形式和设计有多精妙，而是因为它们太普通了。读书会没有任何刻意的设计或惊喜：选书，读书，讨论，然后看看会发生什么。不过，在多娜丽所处的保守环境中，读书会已经有些反常了，因为其规则非常简单，所选书目必须与性有关。但这

① 1英里 = 1609.34米。——译者注

就是神奇之处，没有创新，永远是相同的主题和形式，所以她们在回忆时注意到的只有自己的改变。

探索、反思、精进、改变。

一本探讨对话创新的书，在你想要看到变化时竟推崇回归常规结构，这看似矛盾，但发现变化需要练习，我们对某些结构越熟悉，就越容易发现变化。

我在书中提到的一些对话形式，比如灵感时刻或宣泄式就餐，我已经参加过数百次了，这绝非偶然。不仅仅因为其有效就值得坚持下去，更因为这些形式现在对我来说是如此熟悉，让我在参与时看到变化。我知道变化是什么样子的，也知道在对话的哪些节点可以发现变化。

事实上，这些年来，为了让人们更熟悉这些对话形式，我不断调整它们。当我与客户和团队一起进行战略规划时，我总会与每个人进行大约 30 分钟的微访谈。几年前，在我刚开始从事这项工作时，我通常会问："你们是如何走到今天的？"但最近几年，随着漫威宇宙的崛起，我开始通过询问他们的起源故事来开始这些对话。

我这样做是因为几乎人人都知道这种方式，而且这种方式也能让他们关注并说出变化。想想看，一个普通人被蜘蛛咬了，变成了英雄；一个平凡的亚马逊人，坠入爱河并离开了小岛，变成了英雄。变化是这类故事的密码，你总是要让讲故事的人发现他们生活中发生变化的时刻。

因此，我不仅希望你们设计对话，更希望你们反复练习。选择那些你喜欢的形式、约束条件和工具，并反复练习。重点不在于精通某种形式，或者说，这不仅是让你精通形式，而且是让你觉得对话是如此熟悉，以至于你可以轻松发现变化。

现在，让我们看看一些有助于我们制造或标记变化的做法。

设定共同目标，凝聚改变动力

我们坐在圣地亚哥－德孔波斯特拉大教堂的石阶上。更准确地说，我们瘫坐在广场上。我们脱掉了鞋子，把裤腿卷到膝盖处，伤痕累累的脚趾在寒冷的秋风中微微颤动。我们静静地坐着，发呆，然后突然无声地抽泣起来。

在我早期的研究中，我曾寻找过人们彼此建立起深刻且持久联系的时刻，尤其是促使群体达成某种共识的时刻。这就是我和丈夫开启这次历时 10 天、行程 140 英里的圣地亚哥－德孔波斯特拉大教堂朝圣之旅的原因。

我们已经筋疲力尽，每天长达 20 英里的徒步让我们几乎处于崩溃边缘。在西班牙东北部地区，我们穿越林地和森林的童话般的小路，领略了无与伦比的美景，也经历了暴雨和泥泞等危险。沿途遇到的人们热情、坦诚，这让我们深受鼓舞，其中很多人我们即使不知道他们的名字，也记得他们的模样。最终，在穿过最后几英里沉闷的城市郊区后，我们看到了大教堂，并被它的威严和壮观所震撼。置身于笑着、哭着、相拥而庆的人群中，我们满怀喜悦。最终，我们成了朝圣者，而不是朝圣的观察者。

最后三英里的路程，我们穿行在灰蒙蒙的郊区，我丈夫因为胫骨疼痛和膝盖旧伤复发而疼痛难忍。我们真的只想快点结束这次旅程。我们终于找到了通往市中心鹅卵石街道的路，在过去五天 100 英里（约为整个朝圣行程的五分之一）的行程中，为我们指引方向的扇贝标志被熙熙攘攘的游客和开商店的当地人淹没了。

我们继续前行，穿过巨大拱门下的走廊，我们发现自己置身于一个巨大的广场。在这里，你可能会联想到文艺复兴时期画家笔下的天国圣殿。人们赤着脚在广场上散步，似乎在参加一场盛大的聚会。他们笑着，哭着，自发地拥抱朝圣的同伴和陌生人。

我们变了。

无论神圣与否，朝圣的唯一意义都是你的目的地是一个圣地，一个具有某种神圣性和精神意义的地方。这意味着朝圣者的路是有方向的——只有前进。

朝圣者需要经历旅程的艰辛，远离日常生活和日常经验。最终，朝圣之旅以众生合一而结束。最常见的比喻是水流：小溪汇成溪流，溪流汇成河流，最后，正如小马丁·路德·金（Martin Luther King Jr.）所说，汇成“民众的巨浪”。

更重要的是，朝圣者都带着对改变的期待前行。虽然“朝圣”是一种行动，但你会发现这个词经常被用于任何期待改变的旅程（无论是隐喻的还是真实的）。不仅个人会发生改变，同行者之间的联系（即使只是短期的）也会非常紧密。正如一本朝圣者指南所说的那样：“圣地、圣山或目标之所等目的地并不意味着旅程的结束，而是开始：从此拥有全新的生活方式，用经过净化的眼睛重新审视生活。”

在民权运动早期，小马丁·路德·金经常使用“朝圣”一词来代替抗议。1957 年，他在美国华盛顿特区召集的 30 000 人集会被正式命名为“自由朝圣”。值得注意的是，那个时代的抗议活动，如华盛顿游行或塞尔玛游行等，都有明确的目的地。人们向某个地方汇聚，随之而来的是或明或暗的变革承诺。

这就是乔治·弗洛伊德谋杀案发生后的抗议活动不同于女性大游行等意义深远但气氛平淡的活动的部分原因。这些抗议活动似乎在一夜之间改变了一切，它们有一个特定的目的地、目标和要求，即停止资助警察。即使遭到驱散或被封锁，抗议者们仍在朝着某个方向前进。

同样，我在研究中发现，当人们讨论漫长而艰难的过程时，很可能会出现“朝圣”这个词，在这些过程中，他们付出了努力，花费了时间，并且发生了改变。卡斯珀·特尔·奎尔

（Casper ter Kuile）是播客《哈利 · 波特与圣谕》（*Harry Potter and the Sacred Text*）的主持人之一，他研究的是在日益世俗化的文化中宗教的替代品：如何在没有宗教的背景下构建共同体？当宗教无法建立时，我们如何依赖共同的价值观前行？当我想了解所有神圣的事物时，我就会去找卡斯珀。

最近在吃早餐时，卡斯珀告诉我，他和一群朋友在八周内看完了八部《哈利 · 波特》的电影，并以此为基础进行了深入的交谈。他用“朝圣”形容这个过程，我问他为什么用这个词，他停顿了一下。

“我认为朝圣是一种打破既定社会等级制度的行动，因为每个人都要徒步，每个人都需要吃饭和睡觉，”他解释说，“这是一种非常平等的体验，尤其是在旅行的时候。但更重要的是，它让我们跳出日常生活，以不同的方式迈入时间之河。所以，在我们连续三个周三看完前三部电影后，我知道下周要看下一部了。我觉得自己正处于一次更漫长的旅程中。它已经不再是一个普通的周三了。”

这是我从朝圣之旅中学到的东西：设定目的地是一种乐观的行为。确定一个目标并与团体一起努力去实现它，会为该团队带来更大的成就——改变。在日常生活中，我们要参加各种会议，完成各种任务，这常常会让我们失去目标。

就像朝圣一样，创意对话注定困难重重，考验我们的耐心，甚至可能让我们厌烦或崩溃。但只要有明确的目标和意图，并且怀着一种只能前进的信念，团队必将经历真正的改变。这并不需要你们一起徒步100英里，或者进行为期两个月的观影马拉松，而只需要你们一起设定一个目的地，不惜一切代价到达那里，不达目的决不罢休。相信我，一路上，你会遇见另一个自己。

借助载体，突破敏感话题壁垒

就在人们普遍认为人与人之间的对话在减少的同时，读书会的数量却明显增加。这颇具启示意义，因为很明显，读书会是将书作为聚会的动力，实则开启了非常规对话。多娜丽与她的朋友们并非刻意聚在一起谈论性话题——事实上，她们可能会直接拒绝这种想法；相反，她们聚在一起是共读《五十度灰》这本书。这本书引领她们经历了一次改变，换句话说，它实际上推动了她们的改变。

无论是参加读书会、参观博物馆，还是观看一部有争议的电影，你都将获得将问题、信仰或选择客观化的方式。探索我们对文学或任何艺术形式的集体反应是一种建立联系和共同体的方式，也是一种探索深层信仰，甚至重塑信仰的方式。我们总是借助艺术、戏剧、电影、文学和神圣的著作来探索棘手的问题，主导跨文化和跨历史的变革。这似乎是人类的本能。讨论书籍、祷文或电影时，我们自然会表现出参与一场精心策划的评论活动时的行为模式：既让我们畅所欲言地评判，又不需要互相评判。

以逾越节晚餐为例。《哈加达》是在用餐过程中诵读的经文，它规定了逾越节的议程。它讲述了犹太人摆脱奴役以及穿越沙漠的故事。逾越节晚餐结构严谨，关于仪式本身的问题会提醒那些聚集在一起的人记住他们的历史；提供的特定食物象征着他们在逃亡过程中的磨难和胜利；甚至以躺着的姿势进餐都在提醒人们自由意味着什么——奴隶才是站着吃饭的。

《哈加达》是讨论内容和节奏的指南，它建立了一系列关于时间和节奏的约束。它描述了犹太民族共同的历史，但纪念仪式总是以一种直观、具体的方式将我们拉回现实。追忆祖先被逐出埃及的往事与人们在餐桌上讨论的移民政策看似不同，实则互为镜鉴，而且你经常会发现，历史框架为你提供了一种探索当前问题的方式。

在与客户合作时，我经常建议以文字形式来进行艰难的对话。但坦率地说，客户往往会抵制这种形式，他们会说“这太像上课了”或者“我们不想给人们布置作业”。正如我反复强调的，好的对话在很多方面具备课堂的特征：允许不同的人进行深入而具有探索性的对话，而且他们经常以文本为框架来探讨各种观点。使用文本确实会让人联想到课堂，但这正是其价值所在。

让我们来看看卡斯珀和瓦妮莎·佐尔坦（Vanessa Zoltan）一起创建的播客。2017 年，《哈利·波特》的官方网站 Pottermore 公布的数据显示，该系列丛书以 80 多种语言售出了 5 亿册，这意味着世界上大约每15个家庭中就有一个家庭拥有一本《哈利·波特》。如此庞大的读者群形成了一种共同语言—— 一系列可以跨越文化和宗教障碍的共同参照点和探索领域。

《哈利·波特与圣谕》的每一期都会从《哈利·波特》系列丛书中选取一章，提炼出其中更广泛的道德或情感内涵。两位主持人会探讨章节的主题，并分享来自世界各地的听众的解读。瓦妮莎和卡斯珀通过他们的播客诠释了文本如何能够帮助我们探索改变。

正如卡斯珀所说："你正在从叙事性阅读进入一种想象阶段，让阅读变得个人化，并转化为行动。这类神圣阅读的意义在于促成改变。这是一个改变的过程，可能只是一个很小的行动，比如有人说'我想起我爱我的妹妹，我要给她打个电话'。但也有听众来信说'这让我下定决心收养一个孩子'。"

在与卡斯珀对话后不久，一家新闻机构的出版人和总编辑邀请我为他们设计一场对话，以帮助他们跨越他们所感受到的文化鸿沟。尽管这家新闻机构才成立五个月，但对于应该报道哪些类型的新闻的分歧似乎越来越大。这场对话既需要制定战略决策，更需要围绕决策达成共识。这是一场必须引起变革的对话。

我绝不想在一个气氛不融洽的新闻编辑部主持一场自由对话。我遇见过类似的情况，总是有些冒险。但我很愿意为他们设计一系列对话，使用不同的约束条件，让他们一起参与。需要注意的是，我们是设计对话，而不是主持对话。我想我应该利用这个机会来尝试通过集体共读来达成共识、推动变革，从而推动对话的方法。

卡斯珀告诉我的方法之一是神圣阅读法[①]。这是一种修道士研读经文的传统方法。读者从一篇文章（最初是《圣经》）中选择一个段落，然后用四种不同的方式阅读。从本质上讲，这是对阅读设置了四种不同的约束条件。在传统的圣经诵读中，首先你要阅读事实，即“发生了什么”。其次，你要阅读内容，并将其与其他艺术作品、寓言、神话或故事进行比较。再次，将其与你的生活联系起来，即“你什么时候经历过类似的情境”。最后，扪心自问，上帝要告诉你做什么。

不仅仅是文章的内容，阅读方式也能激发改变的潜能。

由于这个团队的分歧主要源于他们自己撰写的专栏和故事，因此“神圣的文章”似乎显而易见。我要求每位成员选择一篇已经发表的文章。对他们来说，这篇文章是理想报道的典范。当他们聚集在一起时，我让他们用“神圣阅读法”来阅读这篇文章，并做出一些修改。

首先，我会问这篇文章的事实是什么。然后，我会问这篇文章是什么样的，是否让他们想起了其他文章。在第三和第四次阅读时，我更加明显地偏离了“神圣阅读法”的步骤，设定

---

① 拉丁文是 Lectio Divina。

了不同的约束条件。我要求他们在第三次阅读这篇文章时，审视它让他们产生了怎样的感受。最后，我问了一个问题："这篇文章告诉你将来应该关注什么？"我看着他们认真翻看着手机上的文章，读了又读，准备着他们的评论。但当他们开始分享时，发生了令人惊讶的变化。

虽然在座的有 30 位记者，但他们选择的五篇报道却基本相同。

他们立即意识到对他们来说重要的报道类型：支持弱势群体的报道。他们的视角如此一致，远超他们的想象。

此外，当他们讨论第三次阅读（即"这篇文章给你什么感觉"）时，他们普遍很愤怒。在讨论这种感觉时，他们一致认为，他们不想成为一个被不理性的愤怒驱动的新闻媒体。

当他们讨论第四次阅读（即"这篇报道告诉你将来应该关注什么"）时，大部分对话都围绕撰写更多基于解决方案的文章展开，这些文章能帮助人们应对复杂体系。他们希望为弱势群体的胜利摇旗呐喊，重点是庆祝胜利，而不仅仅是关注不公正。

这次共读激励了团队成员并改变了他们。他们意识到，团队内部的分歧比他们想象的要小，未来的报道方向也应该有所改变。正如丽莎·克伦所说，他们不仅心灵同频，而且还选择了一条新的前进道路。这是一次真正的精进。

"神圣阅读法"等阅读方法特别吸引人的地方在于，文章可能有些随意，但人们有目的地一起阅读一段文字，体会潜在含义或在场每个人可能给出的不同解读，促成了集体反思的时刻。虽然可以随机选取文章，但目的是就这段文字展开集体对话。这种集体解释将对话的焦点从个人理解转向对群体意义的探索。

你的家中或工作场所可能也有一篇神圣的文章，但你可能完全没有意识到。很多组织在展望和规划未来时都会不断回溯其创始之初的使命宣言。美国全国公共广播电台（National Public Radio）在召开董事会时，即便是40年后的今天，仍不断回溯其创始章程。我们试图以那份原始文件为基准，来检验我们有没有忘记初心。在很多情况下，创始人的箴言几乎可被视为“圣典”。我曾听沃尔玛的员工说过，山姆·沃尔顿（Sam Walton）的传记《促销的本质》（*Made in America*）是他们做出决策的参考。而在你的家庭中，这本“圣典”很可能是《哈利·波特》或逾越节的《哈加达》。

识别并记录改变，巩固对话成果

现在的难题是，我们只有感受到自己和团队发生了变化，才能确定我们实现了对话。但变化无论大小，都很容易被忽视。与多娜丽和她的读书会不同，我们常与变化擦肩而过。更重要的是，变化的发生难以预测，也没有明显的信号。它可能发生在对话的最后，也可能发生在最初的几分钟里，或者某个意想不到的瞬间。

发现变化最简单的方法之一就是回想丽莎·克伦提出的“集体出现（某种意识）”。这是你经常能感受到的，而不仅仅是看到的。在体验音乐、戏剧或宗教仪式时，当人们觉得自己仿佛被升华时，常会感受到这种变化的发生。例如在音乐中，超越和团结的时刻往往伴随着转调，即音调的变化；在对话中也是如此，当发生类似的音调变化时，你既能感知也能看到这种变化。

当阿米莉亚·温格－贝尔斯金决定在开会时唱那首摇篮曲时，她注意到会议的气氛发生了变化：原本对话已经陷入僵局，而她通过转换音调并用歌声将人们重新凝聚在一起。她察觉到了变化，然后做出了改变。多娜丽也是如此，当她注意到读书会中的对话开始变得不再那么令人畏惧，也不再那么非黑即白时，她在此基础上继续推动对话进行。虽然变化一直在发生，但在她们观看《深喉》的那个晚上，她们对话的氛围被彻底改变了。

当你感受到群体的轻松惬意，听到他们的欢笑，这很可能是变化发生的信号，请抓住它；当你留意到群体表现出悲伤和失望的情绪时也是如此。变化已经发生，一定要注意它。我喜欢我们将在本章末尾探讨的对话形式（即创造性张力）的原因之一，就在于它教会我们感知变化，然后利用这种变化来推动我们集体出现某种意识。

因此，我恳请你要留意变化，并且大胆讨论它。改变需要被承认和庆祝，因为只有这样，你才能体验到那种推动我们采取行动并最终实现创造的转变。

当变化发生时，你有很多方法可以察觉它，而且这些方法可以非常简单。

标记改变的简单行为

20 世纪 60 年代末，艺术家米尔勒·拉德曼·尤克里斯（Mierle Laderman Ukeles）创作了《维护艺术宣言》（*Manifesto on Maintenance Art*）。她指出，大多数形式的照料工作，如维护和环卫清洁等，在我们的文化中即便不被公然蔑视，也始终处于隐性状态。她用作品记录了家庭清洁工和环卫工人的工作，这些工作被故意无视，并且不被承认。

当时的纽约正走向衰败，典型表现包括基础设施老化、濒临破产，以及一系列加剧市政工人与市民紧张关系的环卫工人罢工事件。这位艺术家深受触动，她写信给纽约市清洁局（New York City Department of Sanitation），建议制订一个艺术家驻场计划，通过她、市政部门和环卫工人之间的一系列合作来缓解紧张局势。纽约市清洁局接受了她的建议，50 多年后的今天，米尔勒仍然保留着她在该部门的驻场艺术家职位。

在合作过程中，艺术家和环卫部门上演了垃圾车队芭蕾舞剧，让技艺精湛的司机们驾驶着垃圾车，在城市街道上演绎令人叹为观止的机械之舞。他们一起为垃圾车“镶上宝石”，将它们改造成镜面雕塑，在城市中穿梭，提醒市民与他们产生的垃圾之间的联系，以及环卫工人在改善城市生活方面所发挥的重要作用。

这些项目实质上是市政部门、市民和环卫工人之间长达 50 年的创意对话，它们始于一次简单的握手，尽管这次握手牵动了 9000 双手。

这很简单。米尔勒走访了纽约环卫系统的每一个部分，与每一位环卫工人握手致意，并对他们说："感谢你们让纽约市生机勃勃。"她以身体力行的方式认可环卫工人作为人的价值，这一举动本身就蕴含着重大的变革意义。照片显示，与艺术家握手的环卫工人时而惊讶，时而困惑，但往往是自豪和快乐的（大部分工人是这样）。这是一个戏剧性的举动，标志着变革正在进行。

想想你可以如何利用这样的肢体互动来标记改变。在教堂仪式结束时，教友们经常转身相互问候、握手甚至拥抱。我并不是一个虔诚的人，但在那一刻，我总是觉得自己得到了升华。这些微小的瞬间不仅标记着改变，有时它们本身就是改变的创造者。

回想一下对话过程中的平和打断，其核心正是要在对话偏离方向时及时介入。平和打断是帮助你标记改变的完美工具。我们经常会暂停谈话并且问"大家感觉如何"，但你也可以考虑问"此刻发生了什么"。

更多地使用这个问题，能让你随时了解对话的进展和方向。在恰当的时机提出恰当的问题往往能帮助你捕捉到变化。

立下誓言

我的朋友、洛克菲勒基金会（Rockefeller Foundation）高级副总裁齐亚·汗（Zia Khan）最近向我介绍了“僵尸联盟”的概念。他说，“僵尸联盟”由一群人组成，他们聚集在一起讨论某个话题、同意做出改变却没有采取任何行动，他们自认为仅凭空谈和承诺就能假装前行，从而形成某种运动。这听起来耳熟吗？

立下誓言可能是阻止“僵尸联盟末日危机”的一种方式。

誓言有一种独特的魔力，能在对话中催生改变，尤其是当它被用来支持某项行动或致敬特定个人时。公开宣誓能够阐明意图、凝聚支持，并在关键时刻将陌生人凝聚成一个共同体。

立下誓言一直是铭记变革的一种方式。这就是我喜欢从仪式中汲取智慧的原因。仪式总是在特定时刻要求我们以特定的方式与我们所属的共同体联结，而往往在同一时刻，它也在唤醒你与自我、生命意义以及最重要之事的联系，并将其与一个支持性共同体或具有相同目标的共同体联系起来。

但最重要的是，将仪式感融入对话，是我们推进对话的一种行之有效的方法。之所以说行之有效，是因为很多做法虽然已经存在了数千年，但现在仍在被实践，并持续地产生影响。

参加过婚礼仪式的人都亲眼见证过“誓言”的力量。当然，如果你是结婚的那个人，那么立下誓言的庄重更是刻骨铭心。即使是最玩世不恭的人也可能会被结婚誓言感动。这些誓言通常都是在家人和朋友面前立下的，这不是没有道理的——亲朋好友将见证改变。此外，婚礼誓词的内容非常具体。两个人彼此承诺，而聚集在一起的亲朋好友也承诺帮助他们坚守这种承诺。

庆祝、誓言和鼓励是改变的重要组成部分，因为它们鼓励我们在改变发生时就看到它。庆祝和公开鼓励虽不可或缺，但它们并不标志着创意对话的结束。还有更多的工作要做，而且可能是最艰巨的工作。

誓言也可以由个人立下或宣布。有一次，我参加了一个会议，一个拥有大量资产的文化机构的负责人受邀总结关于社区和艺术的联合研究成果。但他没有总结，而是立下誓言，承诺他的法律团队将协助成立一个非营利组织，以支持后续的研究。这一誓言标志着对话发生了改变，而它实际上会促使在场的其他人承诺提供支持。

如果我们无法明确在场的人达成了共识，我们就会错过很多东西。当出现这种情况时，试着具体一点，要求大家做出承诺、立下誓言。这不一定是一个戏剧性的时刻，只需向小组提出一个简单的问题：“为了达成这个目标，我们各自愿意做些什么呢？”

在矛盾中寻找突破，促成深层改变

几年前，我所在的IDEO团队设计了一种既能承载改变，又能标记改变的对话模式。就像《五十度灰》读书会一样，但这绝对不是我们的初衷。老实说，我们最初只是想设计一款交友游戏，让人们能够互相交流，找到志趣相投的人。

大约两个月后，在纽约下东区的一家酒吧里，我与大约30位“朋友”聚在一起，他们受邀来测试这种新的对话模式的原型。那里没有椅子，一把也没有。地板上贴着一个巨大的绿色长方形，中间有一条红色的分界线。这让人隐约想起了篮球场。被召集来的参与者虽很不自在，但又很兴奋。特邀嘉宾们似乎也同样不自在。

在房间尽头的狭长舞台上有一个屏幕，屏幕前站着一位喜剧演员和一位社会活动家。房间后面是我们的“主持人”。喜剧演员和社会活动家是特邀嘉宾，我们称他们为“催化剂”，因为他们的工作是刺激观众做出反应；主持人则扮演导演和旁白的角色。

对话从一张幻灯片开始，上面写着“我更像丝绸还是灯芯绒”，这两个词分别显示在屏幕的两侧。观众和这两位“挑衅者”被要求根据最能定义自己的词汇选择靠近或远离该词汇的位置。众人照做，当他们在房间内移动时，紧张的笑声和交谈声此起彼伏。

随着活动的进行，气氛变得更加紧张。讨论围绕权力和谁拥有权力展开，即“权力必须被给予还是被夺取”。人群开始重新排列位置，从“挑衅者”到观众，每个人都必须解释自己为何选择站在现在的位置上。

接下来讨论的是“权力关乎言语还是行动”。人群又一次重新排列位置。当人们确定了自己的位置时，主持人会问他们为什么选择那个位置。他们讲述了一个个引人入胜的故事。如果听众有共鸣，他们就被鼓励靠近讲述者，如果没有共鸣就远离。大家就严肃的话题进行了深入的交谈，但一小时后当对话结束时，他们还是很兴奋。后来我听说，很多人自发聚集在一起，出去继续对话直到深夜。这不只是关于权力的对话，还延伸至紧张关系在对话与社会中的作用（无论好坏）的对话。

我们称这类对话为创造性张力。它结合了戏剧练习、常引发争议的主题，以及一种被称为价值观澄清的实践（幼儿园常用的方法）。虽然它最初是作为一款交友游戏而设计的，但它是一种强大的对话框架，能够让任何人以一种充满活力和增进联系的方式，就非常棘手的话题进行非常艰难的对话。我运用它进行过关于健康、多样性和种族、收入不平等以及焦虑的对话。

“创造性张力”广泛汲取了本书各章节的精华：改变对话的语境，包括空间和空间中的位置；约束条件恰到好处，而且被清晰而简洁地阐明。

这一切都旨在催生改变：张力本身就是一个需要解释的新

名词。我们在前文中明确表示不会为这些术语下定义，每个人都需要自己解释。当气氛紧张起来时，你可以清楚地看到人们停下来思考他们的位置。看到人们在“选边站队”之前进行反思，真的是一件很美好的事情。

一旦他们确定了自己的位置，他们就会被邀请说明为什么会选择这个位置，为什么他们相信自己站在了正确的位置上。当他们说出自己的立场或讲述自己为什么站在那里时，你会看到其他人会再次反思，有时他们还会有所行动。这种张力吸引人们参与进来，并邀请他们讲述自己的故事。同时，它也唤醒了创造性倾听最好的部分。

移动标志着改变的发生。我曾研究过各种理论来解释这种移动为什么会起作用，当然有观点认为某种“具身认知”正在发生，但更简单直接的理解是，移动标志着想法的改变。在对话过程中，人们会通过身体靠近或远离（通常是靠近）彼此来持续标记改变。你在改变，其他人也在改变。

我记得，当一位女士倾诉因警察暴力而失去儿子的痛苦时，周围的人们，包括一些警察，都渐渐向她靠拢；也记得当有人表达了保守观点时，人们仍然给予她支持的温暖时刻。这种对话模式会邀请人们分享他们的情感和故事，当这一切发生时，当这些时刻被感受到时，对话要求人们通过聚集在他们周围，用实际行动来标记这种变化。

这完美地体现了丽莎·克伦提出的集体见证的理论。我经常听到有人说，对话之所以对每个人都很重要，是因为有时你根本不需要发言，就能感觉到自己已经参与其中并被倾听。

“创造性张力”对话模式的双重特质，即推动改变和标记改变，将对话提升到了一个新高度。对话会变得截然不同。事实上，就在上次选举之后，我们在华盛顿举办了一场这样的对话，来自各种政治背景近 200 人参加了对话。尽管在场的人各有各的政治立场，但气氛活跃、参与度高，甚至充满了欢乐。结束时，我照例说了那句结语：“生命万物都处于张力之中，每个人、每个家庭、每个组织或每个国家都处于张力之中。‘创造性张力’的使命是在提醒我们，当我们承认它们的存在，并愿意共同探讨时，我们就能驾驭它们。”

在“创造性张力”对话结束时，房间里的气氛非常热烈；人们很兴奋，他们总是说希望时间能超过一小时。顺便说一下，一小时对于这种对话来说是恰到好处的。集体感知的改变和相当突然的结束会促使人们选择自行继续对话。

事后，有人对此大加赞赏，深受感动。我们最初只是想设计一款交友游戏，却意外收获了更好的东西。

在我看来，改变是创意对话的一个基本组成部分。本书的每个章节都在探讨让改变发生的方法，但除非有一个清晰可见的、让所有人都知晓的时刻，让人们“集体见证彼此”，否则我们就错失了对话给我们带来的真正快乐。

在对话中设计一个发生改变的时刻，可以将对话推向一个高潮。但这个高潮并不是结束，而是关于接下来要做什么。标记改变的真正意义在于将参与探索性对话的人们凝聚成一个行动共同体。只有共同见证这一时刻，我们才有希望迈向对话最重要的成果：创造。

用鼓励强化改变，维系对话动力

当我走上通往圣地亚哥－德孔波斯特拉的朝圣之路时，我注意到一个有趣的现象：每位朝圣者都只会给予他人鼓励和支持。仔细想想，这并不奇怪。我们大多忍受着伤痛，在变化莫测天气中行走了 40 多天，要去同一个地方——也许在我们的生命中，这是仅有的一次，每个人都在走同样的路。此时，鼓励是唯一的选择。

不妨将对话看成你和他人同行的旅程。当你们朝着相同方向前进时，成功到达终点的一个关键因素就是时不时地停下来，确认你们已经走了多远，并鼓励彼此继续前进。

需要指出的是，创意对话需要更多的鼓励。这一点值得明确指出，因为我们正逐渐失去公开表达赞赏的勇气。这不仅仅是因为拥抱已经被 Instagram 等社交媒体上的爱心（即点赞）所取代。这太没有创意了。在对话中保持真诚，依靠鼓励、积极和简单的感谢等古老的方式，就能维系正向交流。

不久前，一个设计团队开展了一个小型概念项目，研究为什么周一总让人快乐不起来。我们都知道这种感觉。周日晚上，我们可能会感到恐惧。周一早晨上班的最初几个小时，我们需要重新适应工作，然后对自己说："对了，这里有我喜欢的同事。我的工作也有令人满意的部分。"

这个团队发明了一个小仪式：每周日晚，他们会发送一封简短的电子邮件，鼓励团队成员为接下来的一周做好准备。邮件可以写给上周帮助过自己的同事，也可以写给某个很久没有联系过的人。这封以赞美为主旨的邮件，其主题始终如一：让我们开启新的一周。

发送邮件的本意是鼓励他们开启每周的旅程。但事实证明，这个简单的举动引起了所有人情感上的共鸣，不仅温暖了收件人，还安慰了前一晚发送邮件的人。

这很简单，也很有效，你可以试试。

鼓励不需要刻意创新，它应该让人感到有力量和真实。鼓掌、欢呼、击掌、拥抱，像普通人鼓励普通人时那样，做最自然的事。这种鼓励——简单、真挚、真诚的表达——会激发人体分泌"爱的荷尔蒙"催产素。这意味着鼓励不仅能让你继续前进，更能让你与对话中的人们建立更深层的联结。

Making Conversation
Seven Essential Elements of Meaningful Communication

第 7 章

从对话到行动，让想法落地成为共同体的纽带

未来并非当下预设路径的选择结果，而是一个被创造的所在——首先在思想和意识中孕育，继而诞生于行动。未来不是我们将要抵达的某个地方，而是我们正在创造的某个地方。路径不是被发现的，而是被开拓的，而开拓的过程既改变着开拓者，也改变着目的地本身。

约翰·谢尔（John Shear）

我将以开启人生大多数对话的方式结束本书。我始终提醒客户、团队和合作者，未来由我们亲手创造。即使这看起来很难，但尝试总比放弃更有价值。

对话的意义在于一起参与对话，一起做出改变，然后让改变显现出来。对有些人来说，这种改变近在咫尺，比如建立一种动态的关系；改变稍大却仍在日常生活的范围内，比如塑造一种全新的工作文化或选择不同的战略路径；或者是推动社区发展这样的大事。现在，我们的大多数对话都未能实现这种创造，即使是那些最重要的对话。

正因如此，在为写作这本书寻找灵感时，我花了大量时间与艺术家、电影制作人、设计师和作家等创意工作者对话。简而言之，富有创造力的人注定要创造，这是他们生命旅程的终极目标。音乐剧《悲喜交家》的编剧丽莎·克伦告诉我，创作音乐剧或任何合作艺术作品时，总会有这样一个时刻，你不得不“利用现有的一切、立足当下的处境”即兴创作。就是这样，你只需要利用现有的一切、立足当下的处境即兴创作。

我们必须明确另外一点，虽然在这本关于对话的书的结尾提到这一点可能颇具讽刺意味：有时候，对话根本无法进行。在美国各地，仍然有一些家庭无法共进感恩节和圣诞节晚餐；有些社区分裂如此严重，深陷痛苦的裂痕之中，以至于要相信并期待一场健康的对话还为时尚早；你可能不愿开口，你的邻居或许也尚未准备好。

这也许就是行动能产生最重要影响的时刻。你可以清扫街道、缝制被子、编织毛衣、搭建谷仓、做一顿大餐、组织街区派对、准备感恩节晚餐。所有这些事情都能建立起新的共同体、促进开展对话，即使你没有参与那些使聚在一起的人们产生分歧的话题。

所以，当无法对话时，就努力创造（机会）吧！

用适度紧迫感推动对话成果落地

2007 年，在爱沙尼亚，一小群人聚集在一起讨论日益严重的污染问题。几个世纪以来，人们习惯于将垃圾倾倒在森林里，这些垃圾可降解，甚至能肥沃土壤；但现在，垃圾变成了塑料、化工品，森林突然间变成了废弃的电器、农具等更糟糕废弃物的栖身之地。当这群人向爱沙尼亚企业家莱纳·诺瓦克（Rainer Nõlvak）寻求支持时，他提出了一个相当大胆的条件：让他们组织一次全国性的清理活动，而且必须在一天内完成。

突然间，一群聚集在一起讨论问题的人变成了一个有解决方案的集体。

从很多方面看，这个目标都不可能实现：爱沙尼亚国土面积约 4.5 万平方公里；政府的政策规定，有潜在危险的垃圾必须由专业环卫工人处理，因此动员全民清理不仅困难重重，而且涉嫌违法。但该小组已经做出了承诺，所以他们快速而努力地推进，在提出这个想法的两个月后就确定了清理日期。最后，他们通过威胁政府——如果不支持清理工作，就将把垃圾倾倒在首都议会的台阶上——而获得了批准。

2008 年 5 月 3 日，50 000 名爱沙尼亚公民在全国各地聚集，开始清理垃圾。教会团体、学校、企业乃至举家出动的民众都加入了清理行动。到了当天结束时，不，实际上仅仅五个小时后，整个国家就焕然一新。

莱纳承认，清理工作相当累人，他说："我们以为工作已经完成了。我们累了，再也不想碰垃圾了。然而，人们的执着和对清洁的渴望却不断涌现。"这个以"让我们行动起来"为名的组织开始每年清理爱沙尼亚，毕竟垃圾仍会不断出现。如今，这个仅 130 万人口的国家，已经激励了全世界超过 1800 万人开展短期大规模清理行动。

多年来，我一直在讲这个故事，因为它堪称壮举，直到你意识到或许并非如此，或许这只是人性使然。当你快速地完成了看似不可能的任务时，会有一种深深的成就感和集体认同感。

当你设定看似不可能的最后期限来促成现实改变时，良好对话的障碍就会消失。很多困扰我们的问题，如“我们在讨论什么”“我们意见一致吗”“方向正确吗”等，最终都变成了一个问题，即“我们该怎么做”。当“怎么做”成为对话的核心且时间紧迫时，对话的氛围就会发生改变。“如何”和“快”会激发互助。

对话从“我怎么想”转变成“我能做什么”。这既是一种谦卑，也是一种释放。

2001 年，当我刚加入 IDEO 公司时，每隔一段时间，设计师团队会从他们的客户工作中抽身出来，接手一项看似不可能完成的任务，看看他们在一天之内能完成什么，这已经成为公司文化的一部分。至今流传最广的购物车改造视频正是这种实践的典范。我来简单说一下这个视频。1999 年的一期《ABC 夜线》节目跟踪报道了一个由大约 30 位 IDEO 跨学科设计师组成的团队，这是一个多元且协作良好的团队，他们需要在一周的时间内来“重新设计”购物车。

这段在世界各地的商学院广为传播的视频，至今仍能引起人们的兴趣，很多人在看过这段视频后都想来 IDEO 公司工作，这并不令人意外。“不可能完成的任务”与“在一天内完成”的时间框架相结合会激发文化中最优秀的部分。这就是不耐心如此可贵的原因。行动的压力催生了一种共同体意识，这种意识比你在日常文化中看到的任何协作都更有效。这不是 IDEO

公司所独有的，只要有恰当的目标和约束，任何地方都可以复制。

通过共同行动，强化联结与认同

在距离我居住的北部农场小镇不远的地方，有一家出售古董被子的店铺。最近，我逛了逛这家店，在悬挂于墙上横杆以及堆在架子上和叠放在柜子里的褪色被子里寻找一些特别的东西。

最后，在最底层的架子上，在似乎是被人故意藏起来、不让人看见的地方，我找到了它：一条由各种形状和材质的布料碎片——牛仔布、格子布，甚至还有一些毛毡——拼接而成的五颜六色的被子，针脚粗糙。店主是一位健谈的矮个子男人，他看起来很惊讶："原来你对这种碎布被子感兴趣。"

碎布被子可能不像很多被子那样细致或精美，却有一种与众不同的美。它们并非出自某位熟练的缝被人之手，而是一小群女性的集体创作。她们往往从遥远的城镇带着零碎的布料前来，手指飞快地移动，将它们拼凑在一起，最终完成一条完整的被子。当我在寒冷的冬日里凝视着这条被子，并了解了它的来历后，它似乎成了我见过的最美之物。

昔日西部的女性开拓者曾长途跋涉数小时，聚在一起参加缝被子活动，她们的目标是在一天内缝制一条被子，而这项工作通常需要数周甚至更长时间。这是一种集体创造的行为，也是一种激发重要对话的创作行为。

店主在我看被子时说："这些被子往往能凝聚起群体。"我自然对此非常清楚。很多研究这类"聚会"（如缝纫聚会、谷仓聚会等）的学者指出，边劳作边进行的对话往往会分享重要的信息。虽然有时是一些八卦，但更多的时候是关于妇女和儿童的健康和医疗建议、哪些家庭受到了流感的袭击，以及群体中其他受人关注的话题。

这类群体对话和集体联结在很大程度上要归功于缝被子这种专注的状态，它与我们在"创造性倾听"一章中提到的编织活动类似。但这种集体意识在被子制作完成后仍会持续很长时间。19 世纪，正是这些缝制我手中破布被子的妇女们在当地的酒馆被烧毁后，组织起来阻止了酒馆重建。她们厌倦了自己的丈夫每天晚上都沉溺在这些场所，使小镇至今仍一片萧条景象，或者至少被人们称作"酒桶"小镇。

几乎在每一种文化中，都有相邻的农民聚集在一起收割庄稼或建造房屋的传统。无论是美国的共建谷仓还是爱沙尼亚的集体农作，这种互帮互助的共同创造是人类亘古不变的真实行为。而现在，我们比以往任何时候都更需要重拾这种传统。

我曾与美国公共卫生局局长维韦克·穆尔蒂合作研究美国人的焦虑问题及其根源（孤独）。研究孤独问题的学者朱莉安娜·霍尔特－伦斯塔德（Julianne Holt-Lundstad）告诉我们，孤独和与世隔绝确实会损害身体；孤独的人似乎老得更快，身体也更脆弱。她的研究表明，孤独对健康的危害相当于每天吸超过 15 支香烟。在美国，孤独已成为一种慢性疾病，而一起做点事情就能成为良药。

还有一些晚上举办的沙龙，部分讨论会围绕共同烹饪展开。大家一起动手做一些东西，就有了未来和结果。这改变了对话的基调，使对话本身变得积极且富有成效。有时，你甚至需要凭空创造一件值得创造的事物。

从空谈走向实践，让对话真正产生价值

从对话到创造再到实践，还有另一个至关重要的原因，人们通常将其简单称为“纸上谈兵”：我们对某件事讨论得越多，就越不确定该怎么做。

具有讽刺意味的是，这种停滞不前往往源自最充分的探索性对话。当我们从很多不同的角度审视问题或主题，并且探索了很多不同的解决方案时，我们就很难决定正确的前进道路。本书几乎每章都在提供化解对话危机的工具，但当对话让你不确定下一步该怎么做时，又会发生什么呢?

这时你需要的是尝试，而不是空谈。

我总会想起波哥大前市长安塔纳斯·莫克库斯（Antanas Mockus）的创举。他接手的是一个百弊丛生的城市，却通过逐

步改造使这个城市实现了蜕变。我对莫克库斯由衷的钦佩源于他少说多做、勇敢尝试的执政智慧。

最典型的例子莫过于他对交通事故死亡率的治理。当时该市的行人死亡率居高不下——如果你去过那里，就会知道那里的交通状况有多糟糕，司机们目无法纪的程度也是堪称一绝，而政府长期以来对如何解决这个问题一筹莫展。大多数事故源于行人不走斑马线或指定过街区域。当地交通警察为此开出高额罚单，但民众依然我行我素，很多人甚至认为这些罚款不过是变相索贿。

莫克库斯和他的团队对这个问题进行了深入思考，最终抓住了问题的关键：哥伦比亚人最珍视的是他们的尊严。在几乎没有进行任何测试和研究的情况下，莫克库斯决定试一试：他用哑剧演员，也就是那些不受人们喜欢的沉默的小丑，取代了交通警察。大约有 500 名哑剧演员被安排在繁忙的十字路口，他们唯一的工作就是抓住违规者，并做哑剧演员最擅长的事情——取笑乱穿马路的人。

在接下来的十年里，交通事故死亡率下降了五成。

这项举措非常成功，警察和其他执法人员都接受了哑剧表演培训。他们不仅将这种技巧用于处理交通违规行为，还推广到其他犯罪行为的治理中。更令人惊奇的是，哑剧表演执法方式得到了广泛传播。当我在中南美洲旅行时，我经常能在主要的十字路口看到哑剧演员的身影，虽然有些表演相当蹩脚，但他们是在坚持赞扬文明行为，谴责不良行为。

莫克库斯的尝试既富有创意又有幽默感，但最令我钦佩的是他愿意不断尝试、勇于尝试。他的某些尝试确实失败了。比如有一次，他向波哥大约 35 万名市民发放了分别印有“点赞”和“差评”图案的卡片，初衷是让市民亮出卡片（展示相应的一面），来对他们所看见的好行为或不良行为表达支持和谴责，从而实现自我约束。虽然这项举措效果有限，但关键在于，再多的假设或讨论都无法准确预判解决方案的实际效果。有些想法，只有付诸实践才能知道是否可行。

我们总是认为重要的对话之后应该有重要的行动，但事实上，有时候做点什么总比什么都不做要强。看看摆在你面前的解决方案，不妨想一想：我们能用什么最小化的方式来实现？如何能让讨论的结果落地？我们能否停止空谈，着手尝试？

链接多元力量，为创造注入更多可能

随着我在 IDEO 公司的工作重心逐渐从私营部门转向政府、慈善机构和非营利组织领域，我们所处理问题的规模和复杂性也随之扩大。经济差距、医疗资源公平分配、气候变化等问题都进入了我们的工作范围。过去，大部分工作是指导组织内部的对话，以推动变革和创新，而现在的工作变成了协调多个高度差异化的组织以及不同类型组织之间的对话。正是在这时，我开始将对话视为一种创造性的过程。

对于创意对话的最终结果，即创意的实际呈现而言，一个至关重要的实践令我个人、IDEO 公司乃至设计界颇为抵触，那就是构建人际关系网络。人际关系网络是我们很多人工作中的一个重要方面，但在某种程度上，刻意经营人际关系网络的做法让人感觉过于功利。我们曾告诉自己，我们只是想专注做一些事情，但后来我们也逐渐意识到，在面对大规模系统变革的挑战时，单打独斗是不可能做成事情的。正是这一认知催生了“创造性联结”的理念，即将个人和组织组合成网络本身就是一种极具创造性的行为。

我鼓励你们想想还有谁应该参与对话，还有谁能够提供帮助。不要单打独斗，但更重要的是，要认真思考需要谁来参与对话才能促进想法落地。从本质上讲，有两种简单的方法可以开始运用创造性联结来帮助你构建和创造未来，即第一法则和急事缓做。

第一法则

有一个经典的游戏叫作“凯文·贝肯（Kevin Bacon）六度分割”。玩这个游戏时，先从你熟悉的人开始，然后接着找他们认识的人，这样层层找下去，直到找出你与凯文·贝肯之间隔了几层关系。实际上，你可以与任何知名人士玩这个游戏，而获胜者往往是关联层级最少的那个人。

我发现，对于任何志在创新或推动深度对话的团队来说，最有价值的问题就是谁是我们一通电话就能找到并且能提供帮助的人。

这就是我所说的第一法则，它是确保对话持续进行的实用工具。

每当我与一群专注于探索某个特定领域，并且可能已经准备好采取行动的人共事时，我都会带领大家进行一个简单的“第一法则”练习。问一个问题：“我可以直接打电话联系谁来帮忙？”不仅要问你自己，还要让在场的每一个人思考这个问题。

如果你花五分钟停下来思考一下这个问题，并在卡片、白板或便利贴上写下自己想到的名字，你就会发现更多可以帮助推进对话的人。快速且开放地完成这个练习，就像进行一次非常短暂的头脑风暴。重点不在于你认识谁，而在于你认为谁能真正帮上忙。

有时，这个列清单的练习往往能为你带来新的合作者。你甚至可能会发现一些比你的团队成员更有能力推动想法落地的人。

我在 IDEO 公司工作的时候，我们常常会在项目启动之前（通常是在规划阶段）先进行一轮简短的“第一法则”练习，寻找合适人选，哪怕只是帮助对话顺利进行。这种练习非常简单，而且在很多方面都极具启发性，比如我们有这么多可以来帮忙的朋友。渐渐地，创造性联结成了我们的第二天性。

急事缓做

有一次，我与一家大型零售商的首席营销官及其团队的主要成员开会。当我们刚开始讨论最重要的创意时，这位高管就打断了我们。她转过身问她的团队成员："等一下，现在谁不在场但需要听到这次讨论？"

大家都认真想了想，立即列出了几位他们认为应该在场的人。我们暂停了会议，他们打电话通知那些同事。幸好总部离我们的办公室只有几个街区的距离，那些人很快就赶了过来。

会议重新开始，但我非常清楚地记得，我当时认为自己刚刚见证了职业生涯中最具启发性的一个领导力时刻：这位领导者知道谁必须参与对话，因为这将直接影响他们后续的工作。

当你开始从创意对话转向实际行动时，你可能会发现，在场的人，也就是那些参与对话的人，未必是能够推动创意落地的最佳人选。有时这与在场人员的构成有关，有些人缺席或者被忽视了。这时就需要重新思考，有时需要全部换成新人，但更多时候只需要引入新的声音和技能，找到合适且能够一直合作的人。

在与那位首席营销官对话之后，我明白了急事缓做的价值。

当你组织或受邀参与一场解决问题的对话并需要制定解决方案时，一定要邀请一位“执行者”一起参加。这样做的好处非常明显。执行者不仅参与对话，为创意贡献自己的想法，还能参与创意对话引发的变革中。他们不再是任务（即创新）的接收者，而是变革的积极参与者。

到目前为止，预先留出一段时间考虑是确保创意落地最有效的方法。然而，尽管几乎所有重要的战略对话都需要引入更多的声音以确保其顺利进行，但我却很少看到议程中专门留出时间用来确定需要邀请哪些人加入对话，并帮助推动对话从空谈转向实践。

事实上，提出创意的人与实现创意的人往往不属于同一个群体。在组织层面上也是如此。如果你把不同的部门召集在一起，共同解决一个问题，这并不意味着你找到了能实现解决方案的人。更好的方法是，让他们花时间研究全球范围内哪些组织或参与者最适合推动创意落地。这时，创意对话的最后阶段可能就变成了确定谁最适合继续参与，以及如何吸引他们参与对话。

因此，每当需要拓展对话并转向实践的时候，我都会列出一份尽可能广泛的潜在参与者名单，然后与团队共同评估并确定邀请谁来参与未来的对话。一旦确定这些个人和组织，就可以着手组建对话的核心团队了。

在实践中融合对话与创造

米歇尔·萨特（Michelle Satter）是圣丹斯导演和编剧实验室（Sundance Directors and Screenwriters Lab）的创始人。该实验室每年在圣丹斯度假村举办活动，那里是圣丹斯协会的夏季驻地。35 年来，她一直与圣丹斯协会的创始人罗伯特·雷德福及其敬业的团队密切合作，为昆汀·塔伦蒂诺（Quentin Tarantino）、瑞恩·库格勒（Ryan Coogler）和迪·里斯（Dee Rees）等几乎所有重要的独立电影制片人提供支持。米歇尔为这些电影人提供了持续不断的支持，不仅帮助他们启动了电影事业，更助力他们事业腾飞。很多艺术驻地项目将艺术家聚集在独特的地点，为他们提供创作的时间和空间，但很少像圣丹斯实验室这样如此注重实践。它既是一场对话，也是一种创作行动。

要获得入选导演实验室的资格，你必须准备好一个成熟度较高的剧本，并确定你想在工作坊中拍摄的四到五个关键和最具挑战性的场景。入选后，你将获得核心创作班底：你选中的专业演员，以及未来几周拍摄所需的全套制作资源。每周，你将拍摄一到两个场景，包括一天排练、一天拍摄和一天剪辑。然后，你将根据创意顾问团队的反馈和建议进入下一轮拍摄。

节奏很快却并不轻松。我曾观摩过一个复杂场景的排练，团队原以为只是一个简单的抢劫场景，直到发现需要配合连续运镜才意识到其复杂性。我看了几个小时，他们完成了异常复杂的场景调度；演员和工作人员都疲惫不堪，脾气也明显变得暴躁。当我离开拍摄现场时，我觉得这个拍摄任务似乎不可能完成。两年后，当我在影院观看这部电影和那场戏时，我的喜悦可想而知。

当电影人们以相当狂热的速度进行剧本创作、排练、拍摄和剪辑时，米歇尔和创意顾问团队正在进行一场深思熟虑的创意对话，这是她为实验室建立的独特指导体系。每年，她都会组建一个由八位专家组成的团队，与导演们一起工作。这个团队通常由几位知名导演、一位资深剪辑师、一位实力派演员、一位金牌编剧和一位顶级摄影师组成，他们在各自的领域都享有盛誉——名副其实的名人。

每周的第一天，每位顾问都会观察一位导演的工作流程，从次日起，每天早上开始工作前，他们都会聚在一起讨论前一天的工作内容，以及这位导演在哪些方面需要帮助。讨论时，他们会围坐成圈（像我这样的观察员则坐在边上）。

尽管需要在短时间内完成大量工作，但这次会议能让他们从这种节奏和压力中短暂解脱出来。会议氛围是缓和、开放的，既有专业犀利的点评，又充满善意和关怀。对话非常严谨，重点是前一天工作中的所见所闻，以及可能需要帮助的地方。这也正是会议的目标，即发现问题并提供帮助。

会议结束后，所有人立刻投入工作。米歇尔和创意顾问团队将与导演、演员和工作人员一起度过这一天，对话成果几乎立即转化为行动，而这些行动在几小时内就会产生效果。对我来说，观摩这次会议堪称一场认知革命。作为一名设计师，我曾与全球顶尖创意人合作。但说实话，当你看到这样的会议时，你会希望它成为每个工作日的标配。这确实是一件鼓舞人心的事。

这个实验室堪称创意对话的完美典范：它将慢与快结合在一起；有评判规则，评论家与艺术家并肩工作；有清晰的行动路线和明确的目的地，一个相当美丽而偏远的目的地。对于大多数参与者来说，这是一次独特的人生体验。

因此，这个实验室有很多值得借鉴的地方，但最值得关注的是它如何体现本书的核心内容：它关乎建立一个智囊团，决定何时停止空谈并采取行动，以及为对话设计可持续发展计划。整个体系围绕一个明确的共同目标，即集体创造而构建。你上一次以这样的初心开展工作是在什么时候?

创造行为本身就是一种勇敢、乐观和慷慨的过程。也许，建立新关系、形成共同体和共同路径的最佳方式，就是通过创建、开展对话这一看似简单却充满力量的行动。

适应线上场景，保持对话效能

在我即将完成这本书的时候，洛克菲勒基金会邀请我参与重新设计他们的会议体系。该基金会在意大利北部的科莫湖畔拥有一处令人赞叹不已的会议场所，那里曾举办过诸多有众多杰出人物参加的大型会议，这些会议推动了世界的真正变革。但该基金会认为可以做得更好。

在我第一次访问贝拉吉奥中心的一周后，这个会议中心因一场罕见的疫情而关闭了。整个意大利北部都处于封闭状态。随后数周，其他城市、工作场所和社区也进入了封闭状态。

虽然新型冠状病毒对我们来说是全新的挑战，但瘟疫一直存在。事实上，它们可能催生特别的对话形式。意大利作家和诗人薄伽丘（Boccaccio）所写的《十日谈》（*The Decameron*）记载的正是十位贵族在城堡里就地避难的故事，他们以每日轮流讲故事来打发时间。

对于我们这些没有城堡庇护的人来说，我们只需把对话搬到网络上。Zoom 会议成为常态，FaceTime 鸡尾酒时间成为我们与朋友见面的方式，生活被迁移到了屏幕上。虽然关于这种互动方式能否取代面对面交流的争论还将持续很长时间，但虚拟对话已经永久地融入了我们的生活。

以下是进行线上对话的五项原则。

1. 评估，全情投入或果断退出。问问你自己，这是不是你应该参加的对话。在过去的几十年里，我们形成了“越多越好”的心态和“永远在线”的工作习惯，可这并不适合远程协作。

我最近在 Zoom 上参加了一个为期两天、每天 9 小时的董事会会议，我非常不喜欢这种感觉。

对我们中的很多人来说，想要到会议现场、亲身参与重要会议是我们的第二天性，但请你重新考虑这种本能。开始自我评估，回顾你经常参与的对话，并决定你是否真的需要参与其中。这种反思的核心作用在于确认你对会议结果是否具有不可替代的价值，其根本目的是提高对话质量。因为参与虚拟会议的人越多，会议效果就越差。

这对个人也有好处。花点时间重新评估一下你应该参与哪些会议、哪些会议值得你全情投入、哪些可以婉拒，你其实是在为自己塑造更高效的工作和生活方式。但是请注意，如果你是对话中唯一与众不同的声音，那么你在场就变得至关重要。无论如何，如果你决定参与对话，就要承担起责任，并致力于对话所产生的后续工作。

2. 打破所有的规则。线上对话不是面对面的聚会，所以不要使用传统模式。挑战不在于技术层面，不是“让所有人都上 Zoom”，而在于重新思考最适合远程协作的工作流程。你完全可以重新设计对话，以适应新情况和新机遇。

以会议时长为例。传统会议，尤其是大型会议，往往会提前几周或几个月制订计划（主要针对规模），力求让人们尽可能长时间地聚在一起。

一旦你消除了现场聚会的压力，会议形式就有了无限可能。不妨考虑增加会议次数，但缩短会议时长。如果以前是 60 人的会议，那么可以考虑在两周内举行 10 场时长较短的会议，每场会议有 6 人参加。认真思考参与规则，并在继续推进之前慎重制定这些规则。这些规则可以很简单（比如如何示意接下来由谁发言），也可以更复杂、更具挑战性（如人们有多长时间来表达观点以及如何表达观点）。

当对话转移至虚拟空间时，所有规则都应被重新审视。

3. 让媒介适应工作。除了视频会议工具，我们还拥有众多媒体平台。如果你打破了传统会议的定义，那么你也应该重新思考如何应用技术。

电话是一种非常优雅和亲密的媒介，它让我们拥有一种面对面交流时没有的直接和坦诚。人们会在独处时忏悔自己的罪恶，会在深夜的电话中爱上他人，会在不受视觉刺激干扰的时候自言自语（甚至闭上眼睛）。

实时使用谷歌文档可以让编辑和相关对话变得像面对面一样真实。我曾经和我的编辑借助谷歌文档共度了漫长的下午。一天结束时，我们感觉就像坐在一起讨论一样充实。想想多娜丽的读书会或缝碎布被子的朋友们：当你们一起沉浸于一份文档中工作时，你们正团结一心围绕内容共同创作。

运用和调整不同的技术以适应你所进行的各种对话，不要害怕尝试每一种技术。让更多元化的技术融入你的生活的独特价值在于，它们可以激活不同的声音、才能和思维方式，而这些特质可能很难在面对面交流中显现。

4. **追求简洁和优雅。**在虚拟对话中，清晰、简洁和目的明确比以往任何时候都更重要。如果说在线下交流中打断别人很难，那么在线上交流中打断别人就更难了。这不是口才的问题，而是如何精准表达的问题。

与往常一样，当我们缺乏足够的肢体语言和非语言线索来帮助我们下定义和理解定义时，一个简短的小故事可以帮助我们厘清复杂的概念。

但请记住：你所讲述的故事是在明确观点吗？它在表达你想表达的意思吗？它到底是不是一个故事？如果你发现自己不得不回溯童年往事来解释昨天发生在你身上的事情，那这个故事可能不是一个有效的故事。

5. **符合人性的设计。**在虚拟对话中，用幽默、快乐甚至爱来设计比以往任何时候都重要。

花点时间来分享你的恐惧固然重要，但也许更重要的是花点时间去认可那些美好的事物。我一直在使用新的开场白。例如，花点时间分享一下，如果你能成为自然界中的任何事物，那你会选择成为什么。这种开场问题实际上会激发血清素的分泌。这可能会让人觉得笨拙，但这非常有效。事实证明，感受笨拙也是人性的一部分。

回过头来看看本书中的提示和技巧，看看它们能提供什么帮助。在虚拟环境中，在对话中加入停顿确实很有帮助。请参与者写下即时想法，然后与虚拟小组分享。或者请他们画一张图或分享一张照片。虽然我们可能借助机器进行交流，但你仍然能够体验到人性的温度。

在设计中注入幽默，对每个成果表达感激，体会自然，或只是暂停一下，深呼吸。

回顾对话历程，沉淀创造智慧

写作是一项艰难的任务，你总是试图将自己的所见、所感和所思转化为连贯而有力的文字。有时，你必须放下笔（或合上笔记本电脑），才能想想你学到的东西。在本书付梓之际，正值新冠疫情的夏季，我一直在回想与杜威学院一名学生的对话。电话采访结束时，她问了我一个问题："您见证了这么多精彩的对话，您觉得自己被治愈了吗？"

这个问题让我大吃一惊，其中隐含的创伤叙事让我本能地犹豫了一下。但我意识到，这个问题并没有什么不对。事实上，我就是在满心创伤的状态下开始本书的研究和写作的。一开始，我心情沉重，认为作为一种文明，作为组织成员，我们已经很难进行对话了，我并不确信我们能够重新开始。如今我意识到，为这本书所做的研究已经证明我以前的想法是错误的。所以，在沉默片刻后，我恍然大悟。是的，我已经被“治愈”了。我们仍然可以进行创意对话——正如这本书所明确指出的，它们已经在很多地方发生了。

创作这本书的过程让我享有殊遇，即能够寻找那些人们突破个人或集体困难，最终构建了艰难却非凡，而且往往充满快乐的对话的独特案例。我之所以用“殊遇”这个词，是因为日常生活并不总能让我们有机会经历这种时刻，尤其是我们会整天被电视新闻或嘈杂的社交媒体包围。遗憾的是，那些演变成冲突、争执的无礼对话往往比美好的创意对话更具“新闻价值”。这就是我们经历的，也是一些人期待的。

但事实本不应如此。

2020 年，全球大部分地区和经济停摆，虽然仍有很多噪音、纷争和混乱，但也出现了彰显人性、复原力和创造力的高光时刻。同时，我们也对可能失去的东西充满眷恋。我们中的一些人怀念在自己喜欢的餐馆用餐，怀念定期理发，怀念在拥挤的市场上闲逛。但我们最怀念的是什么？我们真正需要什么才能感觉到自己还活着？是那些有意义的对话，是与那些能让我们以不同方式思考、成长和学习的人聚集在一起。这本应是我们每个人都享有的特权。

现在，我们都可以承担起这样的责任，即关注并分享那些在对话中展现出创造力、促成变革并坚持不懈的人的故事。我们自己也可以成为对话的发起者。这才是当下最重要的事，因为那些创意对话才是治愈这个时代的良方。

Making Conversation: Seven Essential Elements of Meaningful Communication

ISBN: 9780062933904

北京阅想时代文化发展有限责任公司为中国人民大学出版社有限公司下属的商业新知事业部，致力于经管类优秀出版物（外版书为主）的策划及出版，主要涉及经济管理、金融、投资理财、心理学、成功励志、生活等出版领域，下设“阅想·商业”“阅想·财富”“阅想·新知”“阅想·心理”“阅想·生活”以及“阅想·人文”等多条产品线，致力于为国内商业人士提供涵盖先进、前沿的管理理念和思想的专业类图书和趋势类图书，同时也为满足商业人士的内心诉求，打造一系列提倡心理和生活健康的心理学图书和生活管理类图书。

《沟通错位：皆大欢喜的谈判妙招》

- 人生无处不谈判。谈判的最佳结果不是双赢，而在于找到双方利益最大化的最有效点。
- 凯洛格商学院知名谈判专家教你41个谈判妙招，助你在谈判中找到符合各自最大利益的有效点，达成满意结果。

《领导者演讲力：成为会演讲、会表达的领导者》

- 演讲力＝领导力＝影响力。
- 全球知名领导沟通能力教练40年成功经验分享，教你掌控各种演讲场合，提升当众讲话能力，释放领导魅力。